W0325634

Aimer
et
Guérir

RENÉ THÉWISSEN

Aimer
et
Guérir

HACHETTE/CARRERE

© Hachette/Carrère 1992.

Nous dédions ce livre à tous ceux qui souffrent et qui, demain, iront mieux.

A tous ceux qui nous ont aidés et qui nous aident encore, de quelque manière que ce soit.

A tous ceux que nous aimons et à tous ceux que nous voudrions aimer.

Bernadette et René Théwissen

La famille Théwissen

On ne conduit pas tout le monde
avec le même bâton.

Je suis né le 21 janvier 1929 à Wonck, dans la vallée du Gers en Wallonie, qui est la partie sud et sud-est de la Belgique. Il faisait 1°. L'hiver tirait à sa fin.

Aussi bizarre que cela puisse paraître, je me souviens du jour de ma naissance. J'ai, en effet, pris une raclée phénoménale de la sage-femme, sans doute parce que je ne voulais pas respirer. Autre lointain souvenir. Vers l'âge de sept mois. On n'habitait déjà plus à Wonck. Je me souviens très bien, c'était un soir d'été, on m'avait assis et, face à moi, sur une assiette, du pudding au chocolat, je me vois, sur le petit passet, dévorant très salement ce pudding.

J'ai eu un frère qui naquit exactement un an après moi. J'avais donc moins d'un an lorsque ma mère est partie accoucher à l'hôpital. Pendant ce temps, on m'a placé chez une tante qui habitait Eben. En guise de berceau, je dormais dans un pétrin à main, car elle faisait son pain elle-même. Peut-être pour adoucir le coucher, tous les soirs, avant de me mettre dans le pétrin, elle me donnait une pastille Valda. La première que j'ai goûtée piquait très fort, je l'ai crachée et je l'ai cachée sous mon oreiller. Aussi longtemps que je suis resté chez ma tante, j'ai caché les pastilles qu'elle me donnait chaque soir sous le coussin. Les trois semaines où je suis resté chez cette tante, mon lit n'a pas été fait. Ce n'est que lorsque je suis retourné chez mes parents que les pastilles Valda ont été retrouvées sous le coussin.

Ma mère souffrait d'une péritonite. Et le petit frère n'est jamais venu à la maison. Il avait ce qu'on appelait à l'époque la maladie bleue. Il est mort à dix-huit mois. Je ne l'ai jamais vu.

Tout cela est resté précis dans ma tête, comme si ça s'était passé la semaine dernière.

Nous étions trois enfants, deux garçons et une fille. Des trois j'étais le plus jeune. D'habitude, dans les familles, le dernier est le plus choyé. Ce n'était pas le cas chez nous.

Dans l'attitude de nos parents à notre égard, entre ma sœur, mon frère et moi il y avait une différence.

A la Saint-Nicolas, ma sœur avait reçu une poupée qui, à mes yeux, était énorme. La preuve, c'est moi qui ai chaussé les souliers de la poupée... pour aller à l'école-gardienne.

Mon frère avait reçu, lui, un accordéon. En revanche, je ne me souviens pas d'avoir reçu quelque chose. Je devais avoir deux ans et demi.

Nous avions une chienne, Violette. Ma sœur allait jouer avec Violette, mon frère allait jouer avec Violette et moi je ne pouvais pas y aller, peut-être parce que j'étais le plus jeune. Peut-être aussi parce que je ne devais pas aller jouer.

Pour la Saint-Nicolas, nous recevions en cadeau de fête des spéculos, des oranges, du chocolat : quand les voisins avaient vu ces cadeaux, les parents sortaient des boîtes dans lesquelles ils les plaçaient. On les ressortait ensuite plus tard, un à un. Et on mangeait le spéculos avec une tartine, le chocolat avec une tartine, les oranges avec une tartine. Mais jamais seuls : on ne les mangeait pas en gâteries. Les friandises n'existaient pas chez nous.

A deux ans à peine, j'allais à l'école catholique du couvent des religieuses à Eben-Emael. On m'y avait mis parce que cette école prenait les enfants très jeunes. Puis j'ai fait une année à l'école-gardienne, l'école maternelle de Heure-le-Romain, à une vingtaine de kilomètres de Liège.

A cette époque, il y a cinquante-six ans, dès leur arrivée à l'école communale, les enfants disaient la prière. Puis, c'étaient les leçons. Je me souviens de la première. L'instituteur nous a prévenus : « La première leçon, pour les nouveaux, ce sera une leçon d'histoire. » Je m'en souviens encore :

« Il y a environ deux mille ans, Jules César, général romain, attaqua les Belges. Il entra en Belgique par le pays de Nerviens, ceux-ci jurèrent de combattre les Romains en leur opposant une vive résistance. »

Je sais aujourd'hui encore ce que le maître nous a dit. Je n'avais pourtant alors que cinq ans et demi.

Coiffeuse, ma mère travaillait à la maison, et mon père dans un charbonnage, il était ouvrier de surface sur un terril. A la fin de ses journées, il s'occupait de musique à l'Harmonie et de théâtre : il était auteur dramatique, il a écrit trente-sept opérettes en wallon, qui ont été jouées par une troupe d'amateurs à Heure-le-Romain et alentour. J'ai moi-même joué pendant vingt-cinq ans. Je chantais très bien, aussi mon père me donnait-il les rôles où il y avait le plus à chanter. Je suis monté sur les planches, la première fois, quinze jours avant ma première communion, c'est-à-dire à douze ans. Et j'ai joué mon premier grand rôle à treize ans et demi. J'étais Fanfan dans *Les Deux Gosses*. J'ai joué aussi dans *Les Deux Orphelines, La Porteuse de pain, Henri de Lagardère*... Mon père en était le metteur en scène.

Je me souviens, vers dix-sept ans : le mardi, celui qui tenait le rôle principal est tombé malade et nous devions jouer le dimanche suivant. Il avait dix-neuf chansons à chanter. Mon père m'a dit :

« Tu vas apprendre son rôle. Tu viendras vendredi à la répétition, samedi à la générale. »

C'est ce que j'ai fait. Et le dimanche j'ai remplacé l'acteur malade. En deux jours, j'avais appris toutes les chansons et tout le texte. Et la mise en scène.

Mon père était assez dur avec nous, et surtout avec moi, je ne sais pas pourquoi.

Un jour, il était au jardin, il m'a demandé un outil, je suis parti pour le chercher, il m'a dit :

« On court pour chercher un outil ! »

J'ai haussé les épaules. Il y avait un escalier de dix-sept marches pour aller au jardin. J'étais en haut. Je me suis retrouvé en bas de l'escalier, j'avais reçu son sabot sur la tête. Je n'allais pas assez vite pour lui.

A l'école, j'étais toujours premier. Mais j'ai commis une erreur. Tout de suite, dès mon arrivée à l'école, j'ai écrit une chanson sur mon instituteur. Ce n'était pas à faire. Je me le suis mis à dos pour les trois années que j'avais à passer avec lui.

Il avait une grande perche de trois mètres en noisetier. De son bureau, sans se déplacer, il nous frappait à coups de perche ! Chez moi, ça, ça ne passait pas. Je prenais déjà suffisamment de raclées à la maison. Si bien que quand il me frappait, je tapais du pied sur le banc. Alors il me disait : « Moins cinq. » Ça voulait dire cinq mauvais points. Nouveau coup de pied : « Moins dix. » Coup de pied : « Moins quinze. » Et ça partait comme ça jusqu'à moins cinq cents. Quand il en avait assez, il se levait de derrière son bureau, et il venait me frapper à coups de ceinture. A la leçon suivante, j'étais toujours le premier à lever le doigt et chaque fois que je répondais correctement, il me supprimait cinq mauvais points. Et je parvenais, en fin de semaine, à toujours être le premier de la classe.

J'avais une mémoire extraordinaire, je l'ai dit. Je n'ai jamais appris de leçon. Il suffisait qu'on la récite devant moi pour que je m'en souvienne. Je lisais une fois un texte et je le savais par cœur.

A la maison, maman travaillait tôt le matin et tard le soir; mon père, quant à lui, faisait sa journée puis partait répéter sa musique jusque très tard. Aussi, nous les enfants, nous étions livrés à nous-mêmes.

A quatorze ans, mon frère a été mis au charbonnage avec mon père.

Quand ma sœur a quitté l'école vers l'âge de douze, treize ans, elle est allée en apprentissage de couture. A quatorze ans et demi, ma mère l'a installée chez nous comme couturière. A seize ans, elle avait deux apprenties avec elle! Quand je rentrais le soir, pas question de me mettre aux devoirs scolaires, il fallait d'abord que je couse avec ma sœur. Les apprenties partaient chez elles à 4 heures, lorsque je revenais de l'école: comme les deux machines étaient alors libres, ma sœur m'installait à l'une d'entre elles et m'apprenait à coudre. A huit ans, avant de faire mes devoirs, avant d'aller jouer, je devais coudre deux chemises d'homme. A l'époque, elles avaient des goussets, des pattes de poitrine, je cousais tout, sauf le col et les poignets. Pendant ce temps, mon frère préparait le dîner.

Le travail passait avant tout. Comme chez mon grand-père. Il avait eu cinq filles. Quand elles atteignaient une quinzaine d'années, elles partaient avec une charrette à bras, attelée à deux chiens, au charbonnage charger six cents kilos de charbon ou de schlammes – de la poussière de charbon pétrie – qu'elles devaient vendre. Tant qu'elles n'avaient pas vendu le contenu de la charrette, elles ne pouvaient pas rentrer chez mon grand-père. On ne connaissait, dans la famille, que le travail.

Ma mère apprit à nager et je voulus apprendre moi aussi. Un jour, le maître nageur est venu dire à mes parents qu'ayant bavardé avec moi, il avait remarqué mon excellente mémoire et mon désir d'apprendre, de devenir médecin. Mon père lui a répondu :

« Moi, j'ai toujours travaillé au charbonnage, ma femme est coiffeuse, quand il aura quatorze ans, il ira travailler. Point à la ligne. Pas question d'études pour lui. »

J'ai eu quatorze ans en janvier 1943 ; en juin, un midi, on m'a dit à la maison :

« A une heure et demie, tu vas te présenter au maréchal-ferrant, il a besoin d'un apprenti.

– Mais je suis en plein examen.

– On n'en a rien à foutre. »

Je suis allé me présenter chez le maréchal-ferrant :

« Tu n'as rien d'autre qu'une culotte courte ?

– Non, monsieur.

– Ça ne fait rien. Prends la masse, attention à tes pieds, tu commences tout de suite. »

Je ne suis plus retourné à l'école.

Tu es un enfant de trop

Quand on donne à un enfant son premier marteau, le monde entier devient un clou.

Je gagnais deux francs [1] de l'heure chez le maréchal-ferrant. Soit vingt-huit francs par jour. Il fallait quarante-cinq francs pour acheter un pain au marché noir. C'était la guerre.

Je suis resté dans cette place trois ans durant, pendant tout mon contrat d'apprentissage. Je devais apprendre le métier de maréchal-ferrant, de forgeron, de ferronnier d'art.

Maréchal-ferrant, on récupérait les cercles de roues en fer des charrettes, on découpait au chalumeau des languettes qui ensuite étaient forgées en fer à cheval. Travail très pénible. On découpait la corne des sabots jusqu'à ce qu'on appelle la ligne blanche. On chauffait le fer à blanc pour qu'en l'appliquant on brûle les inégalités du sabot. Ensuite, on martelait les clous à têtes plates.

Pendant quatorze heures par jour, je forgeais des fers, à la masse de cinq kilos. Mon patron ne

---

1. Des francs belges. Toutes les sommes mentionnées dans ce livre sont en francs belges. En 1992, un franc français égale 5,60 FB (*nde*).

comprenait pas comment je tenais le coup. Avec le peu qu'on mangeait, à l'époque ! C'était la pénurie de la guerre.

L'enclume pesait cent quatre-vingts kilos. De temps en temps, il fallait changer le billot de bois sur lequel elle reposait car, afin qu'elle renvoie bien les coups, l'enclume ne doit pas reposer sur du béton mais sur du bois. Le patron m'a dit, un jour :

« Je vais soulever l'enclume et pendant ce temps, tu changeras le bloc. »

J'ai refusé.

« C'est moi qui lèverai l'enclume.

– Ça va pas gamin ? Quand tu pourras lever l'enclume, tu reviendras me voir. »

J'ai répété que je voulais la lever.

« Tu ne pourras pas. C'est moi qui vais la lever. »

J'ai tant insisté qu'il a fini par accepter. Et j'ai levé l'enclume de cent quatre-vingts kilos pendant que lui, il remplaçait le tronc d'arbre sur lequel l'enclume reposait. Il m'a demandé ensuite :

« T'as pas mal dans l'aine, des deux côtés ?

– Non, j'ai mal nulle part.

– Tu pourrais refaire ce que t'as fait ?

– Oui.

– Et tu vas te reposer pendant combien de temps ensuite ?

– Rien.

– Essaie un peu de la relever. »

J'ai relevé l'enclume. Il a dit :

« Après quatre ans que t'as mangé ce que t'as mangé et faire ce que tu viens de faire, t'es un fameux costaud. Je ne comprends pas. »

Ça l'a tellement épaté qu'il l'a raconté des centaines de fois aux clients qui venaient à la forge.

A seize ans, je levais seul l'enclume de cent quatre-vingts kilos pendant qu'il changeait le bloc !

Et j'étais de petite taille.

A quinze ans et demi, je savais, seul, ferrer un cheval. Le patron partait en courses, pendant son absence quelqu'un venait, je ferrais les quatre pieds de sa bête.

De cette époque de guerre, je me souviens surtout que j'avais peur des avions.

A neuf heures et demie, nous allions nous coucher tous les trois, ma sœur, mon frère et moi. Moins d'une heure après m'être endormi, je me réveillais, je réveillais mon frère et ma sœur :

« Descendez, voici les avions ! »

On descendait tous les trois.

« Mais où allez-vous ?

– René a dit qu'il fallait descendre, voici les avions. »

Je prenais la raclée, et pendant qu'on me la donnait, on entendait les avions arriver. On arrêtait la raclée et tout le monde se réfugiait dans l'abri.

J'entendais les avions trois quarts d'heure avant qu'ils soient au-dessus de chez nous. Les autres n'entendaient rien, aucune sirène d'alerte, rien. C'était le calme plat. Moi, je disais :

« Voici les avions, ils vont bombarder et ils arrivaient trois quarts d'heure plus tard. Et ils bombardaient. »

Et eux disaient :

« Il a tellement peur des avions qu'il les entend avant les autres. »

J'avais un ami de quatre années plus âgé que moi. Il avait dix-sept ans. C'était un résistant. Cinquante mètres plus bas que chez nous, il y avait un homme qui collaborait avec les Allemands. Il avait dénoncé plusieurs personnes dans le village. Mon copain n'habitait pas Heure-le-Romain. Il est venu, un jour, à bicyclette tuer le collaborateur pendant qu'il bêchait dans son jardin. Mais celui-ci, au moment où le coup a été tiré, a relevé le bras, ce qui fait qu'il n'a pas reçu la balle au cœur mais qu'il a été blessé au bras.

Je savais qui avait tiré, naturellement je n'en ai pas parlé autour de moi. Ce copain m'a demandé de vendre des timbres à cinq francs pour la Résistance. J'en ai vendu en douce pendant des semaines. Un de mes acheteurs en a parlé à ma sœur ou à mon beau-frère qui l'a rapporté à mes parents. J'ai reçu une raclée avec interdiction de continuer et l'ordre de rendre les timbres invendus à mon ami.

C'est vers sept-huit ans qu'on m'a dit chez moi : « Tu es un enfant de trop. »

Mes grands-parents paternels m'avaient déjà dit que je n'étais pas un Théwissen. J'étais rejeté par eux. On m'avait expliqué qu'avec déjà un garçon et une fille, un couple n'avait pas besoin d'un troisième enfant. S'ils avaient pu, mes parents m'auraient appelé « Catastrophe », on n'avait pas besoin de moi ici. Quand j'ai compris que je n'étais pas désiré, j'avais déjà pris tellement de raclées que je m'en doutais un peu !

Je dormais dans la même chambre que mon frère. Il n'y avait que trois pièces, chez nous. Une pour les parents, une pour ma sœur, et la troisième pour mon frère et moi. Le soir, quand nous étions couchés, mon frère et ma sœur se querellaient d'une chambre à l'autre. D'en bas, ma mère les entendait :

« Qu'est-ce que vous faites là-haut ?

– C'est René », répondait l'un ou l'autre.

Ma mère montait dans notre chambre, tirait ma couverture et elle me brûlait avec l'un des fers chauds dont elle se servait pour la coiffure. Le lendemain matin, j'avais des cloques sur les jambes.

C'était toujours moi le coupable, j'étais le plus petit. Je n'avais pas le droit de me défendre, de répondre. On nous disait toujours :

« Taisez-vous, laissez parler les grandes personnes. »

Si on répondait, on prenait la raclée. Nous n'avions pas le droit de parole, à table ou ailleurs.

A ce régime, si mon frère devenait un grand couillon, moi je devenais un petit roquet. Les raclées, ça vous durcit.

Chaque année, le premier mai, quel que soit le temps qu'il fasse, ma mère nous appelait, elle prenait la tondeuse et elle nous rasait le crâne. A l'école, ensuite, les autres : « Sans plumes, sans plumes, sans plumes ! » Pendant des semaines, jusqu'à ce que nos cheveux repoussent, nous étions les « frères sans plumes ». Mon frère pleurait dans un coin et moi je flanquais des raclées à ceux qui se moquaient de nous. A l'école, c'était moi qui le défendais.

Ma mère ne s'occupait pas de moi, c'était ma sœur qui se chargeait de tout. Quand j'ai fait ma première communion, c'est elle qui m'a donné mon bain. Pour que ma mère soit certaine que je sois bien propre, il fallait que ce soit ma sœur qui me lave. C'est humiliant pour un gamin de douze ans. « Tout seul te laver, te lécher comme un chat ? Pas question, c'est ta sœur qui va te donner un bain », disait ma mère. Même plus tard, quand à dix-sept ans je sortais le dimanche – ma sœur, à l'époque, habitait trois maisons plus bas –, je partais avec ma chemise propre chez elle pour qu'elle me la repasse.

Je n'ai jamais connu de gestes de tendresse de ma mère. Je n'ai pas souvenir d'avoir été sur ses genoux ou sur ceux de mon père. Aucun souvenir.

Ah, si la table pouvait voler!

Mieux vaut avoir une idée claire de soi-même qu'être tourmenté par celle qu'en ont les autres.

Arrêter l'école, comme je l'ai dit, m'a pourtant occasionné un mouvement de révolte. J'en avais déjà eu un, deux ans plus tôt. Vers douze ans. J'avais reçu une raclée, je ne sais trop pourquoi, et j'avais pensé fortement : si je pouvais mettre mes mains sur la table et qu'elle vole aux quatre coins de la pièce, ça me ferait tellement plaisir! Et j'ai mis les mains sur la table, et la table – qui était fort lourde, c'était une table de cuisine suffisamment grande pour qu'on puisse y faire dîner les trois enfants –, la table a volé aux quatre coins de la pièce. A la suite de quoi, j'ai reçu une de ces raclées monumentales, de celles dont on se souvient. Et dix minutes après, ma mère a dit à mon père :

« Il y a quelque chose qui ne va pas. Un gamin de douze ans, il ne saurait pas faire voler la table comme elle a volé. C'est pas possible! Il n'est pas fort à ce point. »

Parce que quand j'ai fait ma première communion, je chaussais du vingt-neuf, c'est dire que j'étais petit. J'étais le plus petit des communiants.

« Remets un peu tes mains sur la table et fais-la voler », a dit ma mère.

Après la raclée que je venais de recevoir, il n'en était plus question pour moi. J'ai repris une raclée, plus forte que la première. J'ai donc fini par m'exécuter : j'ai remis les mains sur la table. Et je me suis dit, qu'elle vole encore plus fort que la première fois. Et elle a volé encore plus fort. Mon père, du coup, a appelé le voisin qui pesait cent kilos : Nicolas Valoir. Il lui a dit :

« Tiens un peu la table avec moi. »

Mon père pesait aussi ses cent kilos. Ils ont tenu la table à deux, bien maintenue.

« Mets un peu tes mains sur la table. »

J'ai mis mes mains sur la table. Et elle a volé aux quatre coins de la pièce et eux aussi, vous pensez bien, ils ont viré les quatre fers en l'air. Ils ont dit :

« Il y a quelque chose qui ne va pas. »

Le voisin a dit :

« Vot'fils, il est tenu, faut le faire exorciser. Il est tenu par des esprits. »

Quand des amis, des voisins venaient :

« Montre un peu ce que tu sais faire, va chercher une petite table pour pas faire trop de dégâts. »

Papa l'avait dit, je le faisais. Quand il n'y avait personne, j'avais envie de le faire. Si je le faisais, je prenais une raclée. Un jour j'ai dit, c'est terminé, tuez-moi si vous voulez, je ne le ferai jamais plus.

« Fais-le.

– Non. »

J'ai encore reçu une raclée énorme. J'ai dit non. J'en ai pris une autre, j'ai dit non. Je ne voulais plus le faire parce que ça me faisait peur, je sentais en moi une dualité que je ne pouvais pas analyser. C'était l'inconnu, très impressionnant.

Le premier sentiment qui m'a habité, quand j'ai découvert cette force qui était en moi, a été la panique. Quand j'avais souhaité que la table vole, je savais que ça ne pouvait pas arriver. Ce n'était qu'un souhait qu'on fait sans y croire vraiment. Et puis c'est arrivé. Les questions, dans ma tête, ont alors défilé à une vitesse folle. J'étais dépassé par les événements. Je me disais : comment est-ce possible que je puisse le faire ? Avec ma force normale je pouvais, au mieux, bouger de quelques centimètres cette table énorme et pesante. Mon souhait de la faire voler ne devait, normalement, pas se réaliser. Et quand elle a volé, j'ai eu peur de moi-même.

Ma mère m'a alors mené à Liège, à la Fédération spirite.

« Il est tenu par des esprits. Voici ce qu'il s'est passé. »

Elle a tout raconté.

« C'est pas vrai ? Il a fait voler une table ?

– Si.

– Plusieurs fois ?

– Oh oui, si. Il fait ça comme il veut. Mais il ne veut plus le faire.

– On va l'exorciser pour le dégager. C'est un grand médium mais à douze ans, c'est trop tôt, on va l'exorciser. »

Et je vois ce vieux monsieur, il devait avoir soixante, soixante-cinq ans, avec une grosse moustache, fort gentil, qui dit à ma mère :

« Je vais m'occuper de votre fils. »

Moi, j'ai pensé : « Si tu mets ta main sur moi, tu vas voler. » Il est venu mettre sa main sur ma tête... et il s'est retrouvé au fond de la pièce, les quatre fers en l'air.

« Je ne touche plus à cet enfant ! Votre fils est plus fort que moi », a dit le spirite à ma mère.

Ils ont tout de même continué à discuter à part et le spirite a dit à ma mère :

« Vous, madame, vous êtes médium aussi. Vous devriez venir avec nous, vous pourriez faire des tas de choses. »

Ma mère est retournée le voir sans moi, puis elle a participé à des réunions de la Fédération spirite et c'est ainsi qu'elle est devenue guérisseuse-spirite pour le village. Elle a abandonné son métier de coiffeuse et est restée guérisseuse jusqu'à sa mort. Pour se moquer d'elle, mon père l'appelait Mahomet !

Guérisseuse-spirite, c'est aider les gens, les soigner. Elle a donc aidé les gens. *Les autres.* Elle était gentille avec ceux qui venaient la consulter, elle les encourageait... mais elle fermait la porte de la pièce où elle recevait ses patients pour continuer à me flanquer des raclées dans la pièce à côté sans qu'ils l'entendent.

Puis, j'ai fait ma communion solennelle à l'église catholique. Ma mère étant coiffeuse, il fallait que les voisins voient quelqu'un du ménage à l'église. Pourtant, quand je suis devenu adolescent, la vision que j'avais de l'homme et du prêtre n'était guère reluisante. Vers dix ans, j'entendais répéter :

« Un enfant, c'est cruel, un enfant, c'est cruel. Regardez comme les enfants sont cruels les uns envers les autres. Si un enfant a un handicap, les autres s'en moquent. »

Peut-être, mais moi je trouvais que c'étaient les adultes qui étaient durs les uns envers les autres. Rejeté par les autres enfants, ceux qui me faisaient le plus de mal étaient les adultes.

Pendant la guerre, tout le monde a souffert de la

faim, certes, mais inégalement. Moi, je mangeais, pour apaiser ma faim, des tranches de betteraves sucrières tandis que le prêtre du village allait dîner dans une ferme et déjeuner dans une autre tous les jours de la semaine. Il y avait une trentaine de fermes dans le village. Il ne risquait donc pas de jeûner un seul jour de la semaine. C'était injuste et je ne le comprenais pas. Pourquoi le curé pouvait-il manger à sa faim et pas moi ?

En dehors de cette attitude à l'égard des prêtres, les fermiers – des adultes – fournissaient le marché noir. Le blé, le beurre, le lait, les œufs étaient vendus par eux au prix fort. Il n'était pas question de nourrir ceux qui étaient sans argent. La majorité des gens étaient comme nous dans ce cas. Seuls les nantis pouvaient s'offrir ces mets coûteux, du pain blanc... C'était comme ça a toujours été : chacun pour soi. Pour l'agriculteur, la guerre c'était la moisson (c'est ce que je ressentais alors). L'occasion de mieux vendre. Il devait fournir aux services officiels des quantités fixes de lait, de viande, de blé suivant l'importance de sa propriété. Mais le surplus, il le vendait au prix qu'il fixait.

Je n'avais donc une bonne opinion ni des adultes, ni des curés, ni des agriculteurs bien que, maréchal-ferrant, je travaillais pour eux.

Le curé prêchait que les épreuves étaient envoyées par Dieu, qu'il fallait les supporter. Certes, certes. Mais lui, il ne les supportait pas ces épreuves envoyées par Dieu ! Et il n'a jamais rien fait pour atténuer la peine des autres. Il ne m'a jamais pris par la main pour aller déjeuner avec lui dans une ferme. Il ne m'a jamais donné une tartine. Je ne l'ai jamais oublié. Je le lui ai dit :

« Si c'est ça la justice divine que vous prêchez ! Pendant que je mange des betteraves sucrières, vous, vous mangez de la viande et des pommes de terre. »

Il m'a renvoyé du catéchisme.

C'était, une fois de plus, une erreur. J'ai été renvoyé du catéchisme et je n'ai plus pu y mettre les pieds. Nouvelle raclée chez moi car beaucoup des clientes de ma mère allaient à la messe le dimanche. Il fallait absolument que des Théwissen, quelqu'un fasse sa première communion, et ce bien que mes parents s'en fichent comme de leur première sucette. Il fallait faire attention au qu'en-dira-t-on.

Heureusement, le curé a changé et le nouvel arrivant ne savait rien du passé. J'ai donc pu reprendre le catéchisme sans rien lui dire. Le jour de la communion est arrivé, il était grand temps!

Bien plus tard, j'ai encore eu des problèmes avec un troisième curé, quand mon fils a fait sa communion à son tour.

Aujourd'hui, je n'ai plus *cette* religion, j'ai ma propre philosophie.

J'ai le plus grand respect pour toutes les religions, même si je n'en pratique plus aucune. Si quelqu'un continue de pratiquer une religion, c'est qu'il y trouve quelque chose. On ne change pas ce qui va bien. Mais si un jour il arrive devant un mur, car il n'a pas trouvé ce qu'il cherchait, alors il cherche autre part une issue.

Il ne faut pas chercher autre part : la Vérité, elle est en vous. C'est en vous que vous devez la chercher. Tant que les gens ne l'auront pas compris, ils continueront d'avoir besoin d'une religion, d'une béquille.

Le destin consiste à passer d'ici à là, avec des épreuves et des compensations, pour que ce soit vivable. Pour moi, le destin, c'est finir son évolution pour faire partie de cette entité qu'on appelle Dieu. Tel est le but à atteindre. Votre esprit (l'ordinateur entre l'âme et l'outil, le corps matériel) est ce qui vous tient en contact avec votre âme qui a tout programmé. C'est elle et elle seule qui a décidé de passer une vie terrestre. Dans le détail de la vie de tous les jours, dans le physique, dans le matériel, c'est votre comportement qui décide de votre vie de demain. Votre âme a tout programmé, sauf l'outil qu'elle a seulement choisi.

J'ai été programmé pour devenir ce que je suis mais à tout moment, nous avons la liberté de faire ce que nous voulons : je pouvais donc refuser d'être ce que je suis aujourd'hui. Mais en ce cas, j'aurais refusé ma mission.

Quand on a fini son évolution, qu'on fait partie de cette entité qu'on appelle Dieu, on propose à certains :

« Acceptez-vous de retourner sur terre passer une vie ou en passer plusieurs pour aider les autres dans leur évolution ? »

On est libre d'accepter ou de refuser. Si on accepte, on revient passer une vie ou plusieurs vies, on reprend un corps physique et matériel qui a des besoins, qui posera des problèmes et ce ne sera pas nécessairement une bonne vie.

Dans chaque individu, il y a deux êtres.

Il y a le « moi ». Le moi, c'est le caractère, le tempérament. C'est tout ce qui est physique. Finalement, c'est tout ce qui n'a pas d'importance.

Et il y a le « je ». Le je, c'est ce qui a été créé à l'image des Grands Maîtres. A l'image de Dieu. Appelez-le comme vous voulez. Et ce je qui a été créé à l'image de Dieu, quelque part, eh bien, nous sommes là pour le façonner, pour progresser, pour évoluer. Puisqu'Il nous a créés à son image, c'est que quelque part, un jour, nous devons atteindre son niveau. Sans cela, Il ne nous aurait pas créés à son image.

Si Dieu nous a créés à son image, c'est pour qu'on le rejoigne lorsque nous aurons fini notre évolution et qu'on fasse partie de cette entité qu'on appelle Dieu. Donc la vie a un but *extraordinaire :* nous faire devenir ce pour quoi nous avons été créés. Et pour cela, il faut tous les jours apprendre à se connaître pour être soi-même.

On ne peut pas être soi-même sans se connaître. Nous sommes à peu près cinq milliards sur la terre et il n'existe pas deux êtres identiques. C'est pourquoi je dis : si ma seule chance est d'être égal aux autres, alors ce n'est pas une chance. Ma vraie chance est d'être moi, de savoir qui je suis.

Le regard que les autres portent sur moi, je n'en ai rien à faire. Je dois apprendre à me connaître. A savoir exactement qui je suis, pour être moi-même et pour m'aimer. Et quand je m'aime, je peux aimer tout le monde.

Tant que vous leur montrerez les dents, les autres auront du mal à vous répondre par un sourire. Dès lors que vous leur adresserez un sourire, ils auront du mal à vous montrer les dents. S'ils veulent tout de même vous montrer les dents, alors laissez-les. C'est leur droit, c'est la liberté. J'estime avoir le droit de vivre et de penser ainsi que je le fais. C'est ma propre liberté. Aussi je reconnais aux autres le droit de penser et de vivre différemment.

Aujourd'hui encore, il ne m'est pas possible d'aimer mes parents. Mais aujourd'hui, je ne leur en veux plus. C'est déjà, pour moi, un long chemin parcouru. Je ne leur tiens plus rigueur. La blessure demeure mais il n'y a plus de haine. J'ai raisonné cette blessure. Cette haine. J'ai compris que dans la vie, le hasard n'existe pas et que rien n'est gratuit. Tout a une raison d'être. C'est après quelques années, lorsque j'ai décidé de consacrer ma vie à aider les autres, que je l'ai compris.

C'est cette philosophie que j'ai partagée avec les Grands Maîtres.

Si vous êtes pauvre, vous ne valez rien

A qui a faim ne parle pas de Dieu,
donne-lui à manger.

Mes ennuis avec les curés ont duré bien après mon adolescence. Bien plus tard, après m'être marié, j'ai demandé à mon fils, lorsqu'il a eu dix ans, s'il voulait faire sa communion solennelle : il m'a dit oui. Il n'avait pas fait sa communion de sept ans – ici, on fait la communion privée à sept ans et une communion solennelle à douze ans. Il a donc été au catéchisme et six semaines avant la date de la cérémonie, je me suis serré, financièrement, pour lui acheter un costume. Pour qu'il soit propre, comme tous les autres. Seulement, peu de temps avant la date prévue, le curé a décrété que les communiants porteraient la « robe-Jésus » : l'aube. Ça coûtait. Il fallait la louer, la faire nettoyer à sec après usage pour la rendre impeccable. Moi, je m'étais saigné à blanc pour acquérir le costume du gamin. J'ai donc dit au curé que mon fils ne porterait pas l'aube. Je ne pouvais pas dépenser un sou de plus. Que chez moi, c'était moi le patron, qu'il porterait le costume. Le curé est venu chez moi, je lui ai réexpliqué que financièrement je ne pouvais pas. Il m'a répondu :

« J'ai pris la décision de l'aube, on ne reviendra pas là-dessus. »

Je lui ai demandé :

« Vous avez été prisonnier en Allemagne?

– Oui, je l'ai été.

– Vous savez ce qu'est un monde de liberté, vous savez ce qu'est l'atteinte à la liberté?

– Oui, bien sûr, mieux que n'importe qui.

– Et c'est vous qui voulez m'imposer quelque chose? Vous pouvez toujours essayer. L'aube, vous pouvez vous la garder, mon fils ne la portera pas.

– Eh bien, s'il ne la porte pas, il ne fera pas sa communion.

– On va bien voir. »

Le jour de la communion, je suis parti avec mon fils dans son costume neuf, le tenant par la main. Le curé recevait au presbytère tous les communiants et les communiantes et ils partaient ensuite en procession avec un cierge à la main à la cérémonie. Moi et mon fils sans cierge, sans aube, nous sommes partis à l'église directement, le cortège des communiants a passé, puis le curé. J'ai placé mon fils devant lui et je lui ai dit :

« Si tu ne le laisses pas aller, tu ne diras pas ta messe. »

Il l'a laissé. Il a dit sa messe. Le gamin a dit ses vœux comme les autres communiants. Mon fils a posé ensuite pour la photo traditionnelle. Mais le prêtre l'a repoussé, il ne voulait pas qu'il figure sur la photo de groupe!

Le prêtre a gâché la communion de mon fils.

Je ne le lui ai jamais pardonné. Car ça représentait quelque chose pour le gamin d'être sur la photo, avec les autres. Il en a pleuré de ne pas y être. Moi, ça je ne l'ai jamais oublié. C'est quelque chose qu'on n'oublie pas. C'est une atteinte à la liberté, et venant d'un curé, inadmissible.

Le curé avait ses ouailles, comme on dit. Les agriculteurs, entre autres. Ceux-là étaient bien vus. Mais chez nous, le curé n'a jamais sonné à la porte pour prendre de nos nouvelles. Jamais nous ne l'avons vu. Je peux le comprendre car nos parents ne nous ont jamais donné d'éducation religieuse. Mais il y en avait d'autres, des pauvres, des malheureux, qui eux étaient profondément religieux, suivaient la messe tous les dimanches et chez eux non plus le curé n'a jamais mis les pieds. Ça, ce n'est pas logique. Il aurait eu la possibilité de les aider. Il ne l'a jamais fait.

Je ne veux pas mettre tous les curés dans le même sac. Je parle de celui que j'ai connu, que j'ai fréquenté. Il n'y avait pas de bonté, pas de tolérance, pas d'amour chez lui. J'ai connu, à ce moment-là, *le racisme social. Le curé de mon village m'a appris ce qu'est le racisme social.* Si vous êtes pauvre et malheureux, vous ne valez rien. Vous n'êtes pas une personne à prendre en considération. On fait des classes sociales, on met des étiquettes sur les gens. Et ainsi, le racisme religieux n'a rien à envier au racisme politique.

Les gens qui n'ont pas pignon sur rue, qui n'ont pas une bonne situation n'intéressent pas les curés de village. Ils fréquentent surtout les nantis. C'était ainsi à l'époque. Aujourd'hui, je ne saurais dire, je ne pratique plus aucune religion. A l'époque, c'était ainsi. Le racisme religieux était comme le racisme politique, qui est la base de tous les racismes : si vous n'êtes pas de la même couleur que votre voisin, on ne vous regarde pas de la même façon. C'est l'aberration, la bêtise dans toute sa splendeur mais il faut appeler les choses par leur nom.

J'ai connu deux prêtres quand j'ai préparé ma communion solennelle, ils étaient ainsi. A travers eux, j'ai connu l'intolérance.

L'INTOLÉRANCE. L'intolérance crasse.

Lorsque quelqu'un était enterré civilement, pas à l'église, je n'ai jamais vu un de nos curés rendre visite aux parents. Ce que les gens du village faisaient spontanément quand quelqu'un de chez eux était mort. Ils venaient rendre hommage au défunt. Du curé, rien, jamais.

Un enterrement civil ? Le curé ne connaissait pas. Pas question qu'il aille rendre visite, faire une prière. L'intolérance totale. Ce n'est pas normal. Pas logique.

Je ne parle pas d'aller au cimetière. Les cimetières sont dégoûtants. Pas la mort. La mort n'est pas dégoûtante. Je ne vais pas dans les cimetières mais parfois aux enterrements, quand j'ai connu le défunt, que je connais la famille. Sur la tombe de mes parents, de mes proches, je ne vais jamais. Ils sont venus, mon père, ma mère, ils ont passé la vie qu'ils avaient choisie de passer, ils l'ont sûrement faite au mieux qu'ils croyaient, maintenant cette vie est terminée, ils ont abandonné leur corps matériel, l'outil, pour continuer leur évolution.

Je ne vois pas ce que j'irais faire dans un cimetière, il n'y a plus rien à y aller chercher, on ne peut rien faire pour un outil matériel, pour le corps de quelqu'un qui est décédé. C'est quand les gens vivent qu'il faut les aider, aller les voir, les aimer le plus possible, faire ce qu'on peut pour eux. Quand ils sont morts, vous ne pouvez rien pour eux.

Pour le curé, quoi qu'il en soit, il fallait toujours se repentir, parce que nous n'étions que de pauvres pécheurs.

Ce n'est pas ainsi que Jésus a voulu les choses. Jésus marchait pieds nus, il était proche des gens. Il parlait avec tout le monde, il faisait le maximum de ce qu'il pouvait pour tout le monde. C'était un prophète, un messager, bien sûr. Mais avec un corps matériel, qui avait ses besoins, ses nécessités qu'on ne peut toujours lui refuser sans quoi l'outil ne fonctionne plus convenablement.

L'Église a imaginé une très belle légende, une très belle image de Jésus, le messager, le prophète avec des qualités propres aux prophètes, aux messagers mais il avait aussi les défauts de ses qualités. C'est bien connu qu'il aimait bien boire un bon verre de vin et qu'il était toujours accompagné d'une très jolie fille. Et c'est bien mieux comme cela, je ne vois pas pourquoi on n'en parle pas. Ce serait tellement plus naturel qu'on en parle, les gens le sentiraient plus proche d'eux. A partir du moment où il a pris possession d'un corps matériel pour faire le bien, il était aussi à la merci des besoins, des nécessités de cet outil.

L'Église a préféré fabriquer un monstre sacré, posé sur un piédestal, inaccessible : « Priez pour nous pauvres pécheurs », alors qu'Il nous a créés à son image. C'est nous rabaisser à peu de chose. Cela, je ne peux pas l'accepter. Car Dieu est bon, est pur, parfait, Il n'a jamais voulu s'imposer par la crainte. Il n'a jamais voulu condamner quiconque.

Ma vision du monde quand j'avais quatorze ans était évidemment plus restreinte qu'aujourd'hui. Pour tout dire, j'ai pris le train pour la première fois lorsque je suis parti pour le service militaire, donc à vingt ans! Et j'allais à Bruxelles pour la première fois... Mon voyage le plus lointain avait été Liège, à dix-sept kilomètres d'Heure-le-Romain. Pour ma première communion, nous sommes allés jusqu'à Vaux-sous-Chèvremont, dix kilomètres au-delà de Liège, pour aller manger la tarte au riz.

Mon monde était des plus réduits. Ma vision de ceux qui habitaient ce monde était noire : les gens sont lâches, ils sont bien méchants. Ils s'en prennent trop facilement aux enfants.

Près de chez mes parents habitait une femme âgée, Alexandrine. Elle avait eu plusieurs enfants;

l'aîné, Nicolas, deviendra bourgmestre, un autre s'appelait Félix et le beau-fils Georges. C'était en 1939 : Nicolas, mobilisé, était venu en permission. Mon frère et moi jouions dans la rue. Georges demande :

« Qui est le plus fort de vous deux? »

Je ne réponds pas. Il sort un franc de sa poche. C'était une somme. Je recevais vingt-cinq centimes pour mon dimanche, quand j'avais été gentil toute la semaine. Il montre la pièce de un franc et nous dit :

« C'est pour le plus fort de vous deux. C'est lui qui aura l'argent. »

Je tire mon frère plus loin et je lui propose de faire semblant. Je me laisserai tomber et nous partagerons la somme. Cinquante centimes chacun, deux fois notre dimanche, ça valait la peine. Mon frère ne voulait pas, non, non, il refuse. La somme était importante. Tant pis, je lui rentre dedans. Je lui flanque une raclée. Je me retourne vers Georges.

« J'ai gagné! Tu me donnes l'argent? »

Il me jette... une pièce de dix centimes.

Pendant ce temps, mon frère était parti en pleurant à la maison, pour se plaindre.

« Que se passe-t-il? » demande ma mère.

Elle sort. Je lui explique.

« Il ne m'a pas donné le franc promis. Ça ne se passera pas comme ça! »

Je portais un pantalon long retaillé ayant appartenu à mon frère, il possédait des poches profondes.

A cette époque, les rues du village n'étaient pas asphaltées comme aujourd'hui, c'étaient des chemins de terre et de cailloux.

Je ramasse des pierres, j'en remplis mes poches et je commence à les lancer sur les deux frères, jusqu'à ce qu'ils se sauvent. Je les ai suivis jusque chez eux et j'ai brisé les vitres de leur maison. Toutes y sont passées. Puis je m'en suis pris à la porte. Ils ont dénombré plus de trois cents coups de pierre sur la porte.

Naturellement, j'ai ensuite reçu une raclée de ma mère.

Tout de même, inciter deux gamins à se battre pour de l'argent, il fallait bien que les adultes soient des pas-grand-chose !

Lorsque j'étais trop battu chez moi, je me sauvais et je me réfugiais chez Marie Lhoest, la mère de José, mon ami depuis cinquante-huit ans. Elle, dès qu'elle me voyait, elle me préparait une tartine de pain blanc avec beaucoup de beurre et ce que nous appelions de la « maquée », du fromage blanc. Elle me consolait. Jamais je ne l'ai oubliée. Bien que nous soyons de caractères opposés, je suis toujours resté en relation avec José, son fils. Chaque fois que je l'ai pu, je lui ai rendu service en souvenir de la dette que j'avais à l'égard de sa maman.

A la fin de mon adolescence, trois personnes comptaient pour moi. Marie Lhoest dont je me souvenais avec émotion, mon arrière-grand-père maternel, Papa Merx, et ma grand-mère maternelle, une femme de caractère, dure mais juste. Elle ne m'a jamais frappé. Pour moi, elle avait deux particularités : elle n'avait jamais eu mal aux dents... et on ne lui a jamais coupé les cheveux qu'elle portait en tresse. A sa mort, cette tresse mesurait 1,90 mètre.

A la Saint-Nicolas, ma grand-mère arrivait de Herstal chez nous avec une malle entière – une malle pleine de gâteries ! – de jouets, de bonbons, de spéculos. Si on voyait tout, évidemment, on ne nous le donnait que si nous l'avions mérité et encore, tout ce qui se mangeait devait être accompagné de tartines. Le geste était, tout de même, là.

Mon grand-père paternel était hollandais, ma grand-mère paternelle était italienne. Été comme hiver, une pinte émaillée pendait au robinet. Ma grand-mère prenait au petit déjeuner une croûte de pain bis et la pinte qu'elle remplissait de genièvre. En été, elle disait que boire du genièvre ça la rafraîchissait, en hiver que ça la réchauffait. Elle ne déjeunait pas avec autre chose. Elle n'a jamais été malade. Que trois jours. Le troisième, elle est morte.

D'après toute la famille, mon frère et ma sœur ressemblaient à mon père, moi, je ressemblais à ma mère : c'est cette grand-mère qui a dit que je n'étais pas un Théwissen. Au Nouvel An, elle leur a donné une pièce de vingt francs en argent pour leur pécule. Il n'y a pas eu de pièce pour moi : je n'étais pas un Théwissen.

Tu n'as pas notre regard

Si notre seule chance est d'être égal aux autres, alors, ce n'est pas une chance.

Quelques semaines après avoir été chez le spirite, donc à douze ans, je suis rentré à l'école technique, à Herstal, où je suis resté jusqu'à quatorze ans. Je n'y avais pas de camarade. Quand je voulais jouer avec les autres, ils me disaient :

« Non, tu n'as pas le regard de nous autres, tu ne nous regardes pas comme les autres, tu n'es pas comme les autres. »

Ils parlaient de mon regard dur. Aujourd'hui encore, on me dit que mon regard est dur, qu'il est différent : je sais que c'est un regard changeant, je sais qu'il n'est pas dur.

Pour ce qui est de dureté, je sais ce qui l'était vraiment.

Une fois, je me suis levé le matin et je ne sais pourquoi, une bêtise de gamin, à table, j'ai pris une raclée monumentale de ma mère et on m'a jeté dans la cave. J'ai pleuré. Le soir, à 18 heures, mon père, ma mère, ma sœur, mon frère, tout le monde appelait dans le village :

« Vous n'avez pas vu René ? Vous n'avez pas vu René ? »

Ils avaient oublié qu'ils m'avaient jeté dans la cave le matin. Moi, après avoir pleuré, pleuré de cette raclée, je m'étais endormi sur le tas de charbon. Et eux m'avaient oublié en bas. Après ça, avoir un regard doux, gentil, vous n'en avez pas envie.

Les autres ne m'acceptaient pas pour jouer. L'instituteur m'avait déjà dit la même chose, à l'école primaire :

« Tu ne regardes pas comme les autres, je me demande ce que tu vas faire plus tard. »

Cela m'a fait beaucoup de peine. Une fois de plus, j'étais rejeté. Sans explication. Avec toutes ces raclées à la maison, je devenais vraiment un petit roquet. Le rejet des autres ne faisait qu'aiguiser l'agressivité que je sentais venir en moi. Puisque personne ne m'aimait, je faisais facilement le coup de poing. Je n'avais pas à aimer les autres puisqu'ils me disaient différent d'eux.

Différent, je l'avais été puisque j'avais fait bouger les tables. A l'école, ils ne l'avaient pas su. Mais je ne le faisais plus. J'avais eu trop peur, c'était devenu tabou pour moi. Je ne pensais plus au pouvoir que j'avais eu, je ne voulais pas y penser car cela aurait confirmé ce que les autres disaient de moi, que je n'étais pas comme eux. Pas comme les autres, eux ne pouvaient pas faire voler les tables. Je n'en parlais même plus et je n'aimais pas que mes parents en parlent, cela me dérangeait, me faisait mal. D'autant que, depuis, ils étaient devenus encore plus durs avec moi. Sans doute pensaient-ils qu'il leur fallait me tenir plus encore, que je leur échappais, que l'exorcisme n'avait pas réussi, donc que le mal restait en moi. Ils avaient peur de moi, peur que je parle, je ne sais de quoi. Ils n'étaient plus à l'aise avec moi. Mais ils continuaient de me malmener.

Ça a duré. Très longtemps.

Pour donner une idée, il y avait un noyer dans la cour. J'allais avoir vingt-trois ans et me marier. On m'avait dit d'aller gauler les noix. J'y suis allé. J'en ai rempli deux sacs et une manne. Je les ai descendus dans la cuisine. Je me suis assis, j'ai pris des noix pour les manger. Ma mère m'a donné une gifle !

« Remets-les, tu ne les a pas demandées. »

J'ai remis les noix sur la manne et ma mère m'a dit :

« Maintenant, demande l'autorisation et tu pourras les avoir.

– Non, merci, je n'en ai plus envie.

– Demande !

– Non, c'est fini. Je vais avoir vingt-trois ans, je n'ai plus à demander pour avoir le droit de manger une noix. »

Je n'ai pas demandé, je ne les ai pas prises, mais j'avais reçu une gifle.

Je recevais mon salaire dans une enveloppe, le samedi. Je devais la donner fermée chez moi. Et je faisais des heures supplémentaires parce que je pensais me marier et j'aurais voulu acheter le minimum pour le ménage.

Sur le salaire des heures supplémentaires, on me laissait dix pour cent. J'avais aussi mon dimanche.

Je me suis marié en 1952. Cette année-là, je recevais cent francs pour la semaine. C'est-à-dire l'argent de poche pour sortir le dimanche, payer le coiffeur, les cigarettes.

L'autorité des parents restait dictatoriale. Je la respectais puisqu'elle m'était imposée par les raclées de mon père et les brûlures aux fers de ma mère. Ou par le martinet aux trente-deux lacets en cuir. Ou par le sabot de mon père. C'étaient eux les gardiens de l'autorité parentale. C'est grâce à eux que m'a été imposé mon premier emploi. Je n'ai jamais eu voix au chapitre.

Heureusement, j'ai eu beaucoup d'amitié pour mon patron, le maréchal-ferrant. Et surtout pour sa femme qui, souvent, m'a fait déjeuner avec eux.

Tout en étant maréchal-ferrant, je suivais des cours professionnels. C'était facile car mon patron et son frère étaient professeurs de théorie de maréchalerie dans mon école. Ce qui fait que le patron me donnait ses cours pendant le travail. La contrepartie, c'était le salaire. Au début, j'avais seize francs par jour – on comptait huit heures de travail effectif –, après j'ai fait quatorze heures et mon patron s'est senti obligé de me donner vingt-huit francs par jour. Il me payait réellement les quatorze heures de travail.

Après trois ans, en possession du diplôme, je suis parti. J'aurais aimé rester. Il nous arrivait, à deux, de ferrer jusqu'à vingt chevaux par jour. C'est énorme. A l'époque, il n'y avait pas de tracteurs et le travail ne manquait pas.

Mon patron a proposé de me garder, il m'a offert dix francs de l'heure. Ce n'était pas assez pour mes parents. Il fallait toujours plus d'argent.

Entre-temps, ma sœur avait abandonné le métier de couturière. Elle travaillait chez Garski, une fonderie de moulage sous pression comme baveureuse (ébarbeuse), elle gagnait sept-huit cents francs par semaine. Mon frère avait quitté le charbonnage, il était aussi là, comme limeur. Il gagnait mille francs la semaine. Un bon salaire pour l'époque. On m'a dit :

« Tu vas aller te présenter chez Garski. Comme limeur. »

Comme j'avais un peu limé à Herstal, j'y suis allé, on m'a fait limer, j'y ai mis tout mon cœur, j'ai été engagé.

Mon frère travaillait avec un garçon de Herstal. L'un limait un côté de la pièce, il la jetait à l'autre, l'autre limait l'autre côté, ils travaillaient à la chaîne, grâce à quoi mon frère parvenait à gagner mille francs par semaine. Je lui ai dit :

« On va faire équipe tous les deux. Comme ça, je gagnerai autant que toi.

– Pas question, m'a-t-il répondu, je continue de faire équipe avec Gérard. »

Son refus m'a révolté, je me suis déchaîné. Ils gagnaient mille francs? Bien, mais moi je gagnerais seul plus qu'eux à deux. Et j'en ai gagné douze cents!

J'ai vu ensuite qu'il y avait les mouleurs. Ils travaillaient du zamac, un alliage d'étain, malsain. Les moules à pression étaient formés de deux parties qu'on refermait. S'il y avait de la crasse sur l'une des deux parties de l'empreinte, le moule ne se refermait pas. Et quand on l'injectait, la machine crachait le métal en fusion. J'ai demandé à aller au moulage. C'était beaucoup mieux payé. Mille six cents francs par semaine. Les autres gagnaient mille cinq cents francs. Aux pièces. J'ai fini par gagner mille six cent vingt francs! Mais j'ai été brûlé gravement plusieurs fois. Quand le métal en fusion débordait du moule, il vous en jaillissait sur le visage, on courait aussitôt à l'infirmerie et, avec une pince, l'infirmier vous l'arrachait. Après plusieurs brûlures, l'infirmier m'a dit :

« Pour vous, il n'y a qu'une chose qui compte : gagner de l'argent.

– C'est pour ça que je suis ici.

– On va vous mettre à la refonte. »

Là, le travail consistait à récupérer les chutes de

métal et à refondre tous les déchets pour les retravailler. C'était malsain. Résultat, après quelques semaines, j'ai eu deux taches aux poumons. J'ai dû quitter cet emploi. Et je suis parti travailler comme ferronnier d'art à Liège.

L'important, pour moi, restait toujours de gagner de l'argent.

Il y avait la santé de mon père, la santé de ma mère.

A quarante-six ans, mon père avait eu un premier infarctus. Il avait dû cesser de travailler et il est resté ainsi jusqu'à sa mort, à soixante-neuf ans. Invalide, il ne touchait que la pension que lui versait la mutuelle. Ma mère avait cessé d'être coiffeuse.

Elle a été opérée quatorze fois ! Elle était devenue couturière à domicile. Elle gagnait peu. Mon frère et ma sœur s'étaient mariés. Ce que je rapportais à la maison était donc très important. Mais cela n'empêchait pas ma mère de me répéter :

« Tu crois nourrir tout le monde mais tu fais juste pour tes dents. »

Elle voulait dire : juste pour te nourrir. Je changeais de métier avec, chaque fois, l'espoir de gagner plus ailleurs.

« Tu crois que la vie remonte pas plus cher, pendant que tu changes de métier, disait-elle. Tu ne rapportes rien pour personne. »

Je me suis alors fait engager comme ardoisier spécialiste en clochers d'église. J'ai appris le métier sur le tas. Monter sur le toit d'une église rapporte plus que monter sur un toit normal.

« Comment cloue-t-on les ardoises ? m'avait demandé le patron. C'est une spécialité.

– Je sais faire.

– Montre un peu comment tu cloues une ardoise. »

J'avais observé les autres en train de le faire et j'avais appris d'eux. Je prends une ardoise, je la coupe, je la cloue.

« Où as-tu appris? me demande le patron.

– J'ai regardé comment les autres faisaient. »

J'ai cloué les ardoises. J'avais aussi vu comment enlever le coq au-dessus du clocher. Je lui ai dit :

« Je voudrais bien aller bouger le coq.

– Mais c'est très haut et très dangereux.

– Je n'ai pas peur.

– Viens avec moi. On va essayer. »

Je suis monté avec le patron et j'ai enlevé le coq. J'ai donc été payé comme un spécialiste.

Pour travailler là-haut, on dispose des crochets d'échelle en quinconce sur le toit. On grimpe sur ces crochets, on monte les deux derniers crochets, on se dresse à l'endroit de la croix, on passe une jambe d'un côté, on passe l'autre jambe, on passe les pieds derrière les fers de la croix, on soulève le coq, on attache la corde, on fait descendre le coq. Une fois en bas, on part le nettoyer et puis on le recouvre de feuilles d'or. On le remonte ensuite grâce à la corde.

J'étais mieux payé puisque je montais sur les clochers.

J'ai fait ce travail un an et demi, jusqu'à mon incorporation dans l'armée.

Un jour, un crochet a cédé, j'ai glissé du clocher. Heureusement, un autre crochet m'a retenu. Que faire? Je suis resté suspendu vingt-deux minutes dans le vide, à me le demander, le temps que quelqu'un monte dans la tour plus haut que je n'étais et me descende une corde, afin que je parvienne à en entourer un bout sur mon poignet et qu'il me tire pour me redresser.

Là-haut, le patron m'attendait. Il m'a dit :

« On va arrêter, pour fumer une cigarette. Un accident, ça peut arriver. »

Quand on a eu fumé une cigarette, il a ajouté :

« Tu vas monter quand même chercher le coq. Parce que si tu n'y retournes pas tout de suite, tu n'iras jamais plus. Tu comprends ? Tu sais bien qu'il y avait un mauvais crochet. Maintenant qu'il est cassé, tu ne risques plus rien. Allez, on remonte ! »

Et je suis remonté chercher le coq.

Grand-papa Merx

Que l'homme reste plus grand que ce qu'il fait, plus précieux que ce qu'il a.

Comme je l'ai dit, mon regard inquiétait les garçons. Mais les filles, elles, elles trouvaient que j'avais de beaux yeux. J'ai donc eu plus de copines que de copains. Vers dix-sept ans, j'ai eu une amie : nous nous sommes fréquentés pendant trois ans environ. Jusqu'à mon service militaire.

Quand on sortait avec une fille, à cette époque, il fallait la respecter. La virginité d'une fille, c'était sa fortune. Donc, nous respections les filles.

A ma première permission, quand je suis revenu, mon amie était absente, elle était partie au cinéma avec un autre garçon. C'était fini pour moi. Terminé. Sa mère l'avait influencée :

« Théwissen, c'est le garçon agressif qui fait facilement le coup de poing, il n'est pas pour toi. »

Elle lui avait suggéré qu'elle profite de mon absence pour trouver un autre garçon. Mon amie avait écouté sa maman.

J'ai trouvé ça plutôt normal. Mais c'était le rejet qui continuait.

A mon retour du service militaire, je suis allé rendre visite aux parents de cette amie, pour voir s'ils étaient responsables de la rupture avec elle. Son père m'a répondu que ce n'était pas lui mais sa femme.

« Elle ne t'a jamais supporté, elle a monté sa fille contre toi, pendant que tu étais aux armées. Si un jour, ma fille revient vers toi, sois beaucoup plus dur avec elle. »

J'ai parlé avec la fille, je lui ai demandé si elle avait bien réfléchi :

« Oui. Je ne veux plus de toi. »

Je suis parti et je n'ai jamais plus essayé de la revoir bien qu'on habitât le même village, que nous allions au bal dans les mêmes salles. Je me suis arrangé pour ne jamais la mettre mal à l'aise.

J'ai fait mon service militaire de 1949 à 1950. Je pratiquais les arts martiaux, on m'a donc nommé dans la police militaire à Bruxelles pendant quatre mois et demi, où j'ai très vite été désigné moniteur de combat pour apprendre aux autres le combat à main nue, le combat non armé. J'ai été ensuite nommé à Liège. Je faisais la police dans les trains de permissionnaires allant de Belgique en Allemagne.

Dans chaque convoi, il y avait près de huit cents soldats. Et nous étions six militaires pour assurer l'ordre du train. J'étais chef-train sur le trajet Bruxelles-Siegen. Notre fonction consistait à contrôler les billets de transport, les titres de permission des militaires.

Les ponts sur le Rhin avaient été dynamités ou bombardés. Les trains franchissaient le fleuve sur une passerelle à cinq kilomètres à l'heure. Le long de la voie ferrée, il y avait une seconde passerelle en bois, parallèle à la première pour les piétons. En tête du train, dans le wagon-cantine, de la boisson était vendue. Il fallait surveiller ce qui se produisait alors parce qu'arrivés sur le pont du Rhin, les militaires s'amusaient à jeter sur les Allemands qui circulaient sur la passerelle de bois les bouteilles vides qu'ils avaient gardées. L'Allemand restait l'ennemi!

Un jour, un homme d'une quarantaine d'années, père de deux enfants, s'est trouvé coincé au milieu de la passerelle, il n'a pas eu le temps de s'enfuir, plusieurs bouteilles l'ont atteint, le blessant. Lorsque nous sommes arrivés à Cologne, puisque j'étais le chef du train, on m'a mis aux arrêts de rigueur trois jours. Je suis passé ensuite devant le conseil de guerre. Heureusement, j'ai été acquitté : nous n'étions que six pour surveiller huit cents hommes...

Pour imposer l'ordre à ceux qui provoquaient le chambard, j'avais trouvé un moyen très simple : je leur demandais leurs papiers d'identité et leur titre de permission et je les mettais dans ma poche.

« Mais je dois descendre à la prochaine station!

– Je m'en fiche, je vous donnerai vos papiers quand je le déciderai. »

Grâce à cette manière de les intimider, je ne m'en tirais pas trop mal.

J'ai fait trente-trois fois le parcours! J'étais connu des militaires. Ils savaient qu'avec moi, il y avait des limites à ne pas dépasser.

La discipline était stricte, rude, surtout dans la police militaire, mais juste et on suivait bien. Si vous n'alliez pas comme il faut, vous étiez engueulés, pas agressés : vous étiez punis, et c'était tout. Ce qui me changeait des expériences précédentes. Moi, je n'ai jamais eu la moindre punition. A mon départ, on m'a même remis le brevet de soldat d'élite! Un titre qui n'existe plus.

Pour moi, le séjour à l'armée m'a permis de vivre une année extraordinaire. J'ai eu des amis.

En 1951, à Namur, un bureau d'inscription de volontaires pour la Corée s'était ouvert. Ceux qui y venaient étaient le dessous du panier. Pas tous, mais la plupart d'entre eux avaient un casier judiciaire, une condamnation. Généralement, l'habitude des engagés consistait à entrer dans les cafés et à occuper les tables déjà prises en faisant déguerpir ceux qui y étaient installés.

« Dégagez, cette table est pour nous ! »

Si les gens ne la dégageaient pas suffisamment vite, c'était la bagarre. Quelqu'un téléphonait pour appeler la police militaire. Et comme j'avais appris les arts martiaux, on m'y envoyait. Je disais aux deux caporaux qui m'accompagnaient :

« Vous, vous restez aux portes. Tous les militaires qui veulent s'enfuir, vous les collez contre le mur et vous ramassez leurs papiers. Moi, je me charge du reste. »

Je rentrais seul dans le café. Ma pratique des arts martiaux me permettait de vite rétablir l'ordre : une prise rapide et je mettais l'adversaire au tapis. Les autres arrêtaient. Je m'imposais ainsi.

« Vous, maintenant, vous sortez. »

A la sortie, ils étaient cueillis par les caporaux qui prenaient leurs papiers. Puis on les embarquait dans la camionnette de la police.

Les policiers militaires aimaient partir en patrouille avec moi parce qu'il n'y avait jamais de problèmes, je réglais tout. J'avais des amis... ! Intéressés, mais des amis quand même.

Aussi bizarre que cela puisse paraître, j'éprouvais un sentiment d'utilité. C'était la première fois que je me sentais utile à quelque chose. J'estimais que c'était le droit le plus strict pour ces gens – disons le mot : le peuple – d'aller prendre un verre au café sans être dérangés. Être volontaire pour la guerre de Corée ne donnait pas de droit supplémentaire. Et moi, j'avais le sentiment d'accomplir mon devoir.

Mon arrière-grand-père maternel – Grand-papa Merx –, qui est mort à quatre-vingt-huit ans, m'avait donné l'exemple. Il s'était engagé volontaire à la guerre de 1914, à l'âge de soixante-quatre ans. Un soldat recevait un « chevron de front » pour six mois passés en première ligne. Mon arrière-grand-père est revenu en 1918 avec huit chevrons de front. Dans les tranchées, il a sauvé la vie du prince Léopold qui est devenu le roi Léopold III par la suite. Après la guerre, mon arrière-grand-père était invité trois ou quatre fois par an au château de Laaken pour aller chasser avec le roi Albert qui lui était reconnaissant d'avoir sauvé son fils.

Mon arrière-grand-père avait été prêtre catholique puis, en désaccord avec l'Église, il s'était défroqué. Il s'était marié et il avait eu ensuite un fils et deux filles. Le garçon était parti de chez lui pour s'installer en Hollande. Mon arrière-grand-père ne l'a plus jamais revu. Quand la guerre a été déclarée, en 1914, il a dit :

« Puisque mon fils ne fait pas son devoir, il n'est pas dit qu'il n'y aura pas un Merx pour le faire. »

Il s'est donc engagé à soixante-quatre ans. Dès son enrôlement, il avait été promu sergent. Un militaire issu du clergé était automatiquement sous-officier.

Il a été le militaire le plus décoré de l'armée belge. Il a reçu toutes les décorations possibles de Belgique, de France, des États-Unis. Quand mon arrière-grand-père a été malade, le roi Léopold est venu lui rendre visite. L'une de ses filles avait épousé un marchand de charbon. Le roi est venu, il est passé dans la « paire » à charbon, comme on dit, pour voir mon arrière-grand-père sur son lit de mort. Et quand il est mort, c'est le prince Charles – qui a été prince-régent, pendant la guerre – qui a représenté le roi à l'enterrement : l'armée a rendu hommage à mon arrière-grand-père, son corps a été transporté sur un affût de canon. Et de Herstal jusqu'à Liège, les magasins avaient baissé leurs volets de fer, les militaires formant la haie des deux côtés du cortège.

J'avais neuf ans quand il est mort, en 1938. De quatre à neuf ans – l'âge où j'ai commencé à comprendre jusqu'à sa mort –, chaque fois que je le voyais, mon aïeul me parlait de la guerre, du devoir à accomplir, du roi, de la reine, du respect qu'on doit avoir pour ses souverains. Il m'a élevé dans sa façon de voir. Aujourd'hui encore, je suis royaliste à cent pour cent.

A Liège, une rue porte le nom de mon arrière-grand-père. Pour moi, il représente dix fois, cent fois plus de choses que mes parents. Il a joué un rôle capital dans les choix que j'ai faits. Au front, il avait été gazé. Il disait :

« Il vaut mieux mettre un vieux comme moi en première ligne qu'un jeune, moi, j'ai déjà fait ma vie. »

Et il me répétait :

« Je l'ai fait parce que j'estimais que c'était ma place : dans la vie, il faut avoir du courage. Il faut savoir se battre. La vie ne fait pas de cadeau, si on veut une médaille, il faut la gagner. Il faut pouvoir être fier de soi. Il faut pouvoir regarder tout le monde dans les yeux, ne pas les baisser, être un homme droit, honnête. »

La vie c'était ça, pour mon arrière-grand-père. Il faut respecter les autres.

Il avait de la tendresse pour moi. Lui, il m'a pris

sur ses genoux. Il a su ou il a senti que j'étais rejeté chez moi. Je n'ai jamais vu ma sœur ou mon frère sur les genoux de mon arrière-grand-père. Dès l'instant où j'arrivais à Herstal, il s'occupait de moi :

« Venez, mi p'tit fi. »

Quand il aimait quelqu'un il disait : « Mi p'tit fi. » Mon petit fils. C'est une expression qui m'est restée. Quand j'apprécie quelqu'un, même une femme : « Mi p'tit fi. »

Il était assis dans son fauteuil, il fumait une grosse pipe. Il s'en était fait faire une spéciale, à Paris, énorme, dans laquelle il mettait cinquante grammes de tabac. Le matin, il la bourrait d'un paquet entier et il l'allumait. Il demeurait dans son fauteuil, silencieux. A midi, après avoir déjeuné, il tapait dans l'âtre pour vider la cendre de sa pipe, prenait un autre paquet de tabac, la bourrait à nouveau, l'allumait. Et il était parti comme ça jusqu'au soir. J'arrivais : « Venez, mi p'tit fi. » J'allais sur ses genoux.

« Allez, Grand-papa, raconte-moi un peu la guerre.

– Oui, mi p'tit fi. La guerre, c'est quelque chose de terrible. Mais à la guerre, comme dans la vie de tous les jours, il faut être digne. La guerre est quelque chose de sale, de méchant. Quand on fait la guerre, c'est que le pays est en danger. Et le pays, c'est d'abord le roi. Il faut défendre son pays, il faut défendre son roi. Un homme qui n'a pas d'opinion, ce n'est pas un homme. »

Et c'était parti pour des heures, chaque fois.

En faisant mon service militaire, j'avais l'impression d'être fidèle à ces idées. Je me suis d'ailleurs rengagé pour trois ans, plus tard, mais j'ai dû quitter l'armée à cause de ma première femme. Parce que je ne gagnais pas assez (pour elle, je ne gagnais jamais assez). J'étais cantonné en Allemagne, au 12e de ligne, chef de garage, j'étais chauffeur du chef de corps. Le soir, la nuit, chaque fois qu'il y avait des exercices, je partais avec une compagnie. Je n'avais pas à le faire mais je le faisais pour me maintenir en forme.

Ma femme était restée en Belgique. Elle a écrit au ministre de la Défense prétextant qu'elle était seule en Belgique avec un petit enfant pendant que son mari était en Allemagne, elle lui demandait de me rapatrier. On m'a transféré dans un parc pour l'entretien des véhicules de réserve, ce qui n'avait plus d'intérêt pour moi. J'ai donc quitté l'armée.

C'était la haine qui continuait

Un mauvais vin peut faire
un bon vinaigre.

Après l'armée, j'ai travaillé dans la mine. A moins 875 mètres. Je n'y suis resté qu'un an et demi parce que j'ai été blessé neuf fois. J'ai été enterré quatre fois. La dernière, je suis resté quarante-sept heures sous terre. Je travaillais dans les « préparatoires de taille ». Une lampe, dans ces endroits-là, on ne sait pas la mettre droite; c'est trop étroit. Il faut s'allonger, s'étirer, la terre râpe le dos et le ventre. Quand on commence une taille, il n'y a pas plus de vingt-cinq centimètres de charbon. Et au-delà, il y a de la roche. On avance, la taille s'élargit, il y a de plus en plus de charbon. Pour parvenir à la hauteur nécessaire afin d'extraire le charbon, le préparateur de taille creuse. C'est un spécialiste. Il travaille au marteau-piqueur. Quand on a parcouru une vingtaine de mètres, on étaie mais parfois, tout s'éboule et on est enfermé. On est enterré. On ne risque pas grand-chose, on a le marteau-piqueur qui est alimenté par de l'air comprimé. Quand il y a un éboulement, on éteint sa lampe, on défait le tuyau d'alimentation en air comprimé et on a ainsi de l'air pour respirer. On attend ensuite que l'équipe de secours vienne vous dégager. La dernière fois que ça m'est arrivé, nous étions deux en préparatoire. Nous sommes restés quarante-sept heures emprisonnés. Celui qui était avec moi – il avait vingt-huit ans – est mort étouffé entre deux pierres. J'ai quitté. Ça me suffisait.

J'ai ainsi fait une cinquantaine de métiers.

Du côté de mes parents, ça n'allait guère mieux.

Je m'étais donc marié et j'avais un petit garçon. Quand nous avions à faire ma femme et moi, je demandais à ma mère :

« Est-ce que tu peux garder le gamin ?

– Oh, oui. »

Et quand je rentrais le soir :

« Tu me dois trois francs septante-cinq, il a mangé deux bâtons de chocolat. »

Nous habitions deux maisons plus bas. Je ne possédais pas de télévision. Nous n'avions pas les moyens. Nous étions dans la misère.

« Est-ce que le petit peut venir voir la télévision ?

– Bien sûr. »

Et quand le petit allait voir la télévision, on me disait :

« Il faut apporter deux francs pour l'électricité. »

Autrement, il ne la regardait pas. Quand on voulait qu'il y aille, on lui donnait les deux francs pour la grand-mère. Pour l'électricité.

Un jour, je suis arrivé chez mes parents, vers 16 heures, ils étaient en train de goûter; ils mangeaient chacun une crêpe. J'adore les crêpes. Et mon fils aussi. On entre, ma mère me dit :

« Je saurais pas t'offrir une crêpe, j'en ai fait deux seulement. Une pour pépère et une pour moi. Quand t'auras envie de crêpes, j'en ferai. »

Une minute après, je demande si je peux boire de l'eau.

« Oui, prends un verre. »

J'ouvre l'armoire pour prendre un verre, sur une assiette il y avait une pile de crêpes. C'est comme ça qu'ils étaient.

C'était la haine qui continuait.

J'ai ensuite été engagé dans le charbonnage, comme soudeur. On soudait du galvanisé. A cause des émanations, deux jours après, j'avais des abcès dans la gorge. Et un mois après, j'étais complètement paralysé. Un empoisonnement du sang. Je suis resté quatorze semaines à l'hôpital, dans le pavillon des contagieux. Le professeur Lapierre a dit à ma femme :

« Reprenez-le, il vaut mieux qu'il aille mourir chez vous. »

Malgré mon état, j'avais tout entendu. Et je me suis dit, je me battrai et je m'en sortirai. Je voulais guérir. J'ai guéri.

Tu as les mains

Pouvoir faire le bien et ne pas le faire,
c'est manquer de courage.

Il me faut revenir un peu en arrière pour m'expliquer. A plusieurs reprises, j'ai parlé des arts martiaux sans entrer dans le détail. Or il le faut pour comprendre. A dix-sept ans, pendant cette période noire, j'ai pratiqué les arts martiaux et j'ai reçu une initiation par les Maîtres Orientaux.

Aujourd'hui, le terme « arts martiaux » désigne n'importe quoi. A l'époque, les arts martiaux comprenaient le judo, le jiu-jitsu, l'aïkido, le kendo et le karaté. J'ai pratiqué ces cinq disciplines pendant trente-quatre ans. Et je les ai enseignées pendant quinze ans. Je suis ceinture noire, quatrième dan dans les cinq disciplines.

On est ceinture noire premier dan, puis on est ceinture noire deuxième dan, etc. Le grade le plus haut a été donné au fondateur du judo à titre posthume : c'est le douzième dan. Le dan reconnaît qu'on a franchi un échelon supérieur dans la maîtrise de soi.

On commençait par le jiu-jitsu qui a surtout été pratiqué par les samouraïs pour défendre leur maître.

Un jour, un homme qui s'appelait Jigoro-kano – il

mesurait 1,45 mètre, et il pesait 45 kilos – en a eu assez d'être la risée de tout le monde. Devant sa fenêtre, il s'est mis en état de méditation. C'était l'hiver. Il a dit :

« Ça ne peut pas continuer ainsi. Puisque les Grands Maîtres m'ont fait ce que je suis, c'est donc que j'ai ma place dans la société. J'ai un rôle à tenir. Pour le tenir, je dois être respecté. »

Il a médité, médité et par la fenêtre, il a vu qu'il neigeait, que les branches d'un cerisier se chargeaient de neige, de plus en plus. Il a pensé : cette branche va casser sous le poids de la neige. Mais non, au lieu de casser, la branche pliait de plus en plus, jusqu'à ce que la neige tombe et après que la neige est tombée, la branche s'est redressée. Il a compris : « Voilà le principe de ma défense. Céder pour vaincre. »

Prenez deux personnes, l'une de 60 kilos, l'autre de 100. Elles s'opposent l'une à l'autre, se poussent. Il est évident que celle de 100 kilos (100 – 60 = 40) va gagner. Mais au moment où toutes deux s'opposent, si la personne de 60 kilos soudain se met à tirer celle de 100 kilos, leurs deux forces s'ajoutent. Elle tire, grâce à ses 60 kilos + 100 kilos de l'autre, 160 kilos. Et elle va le vaincre facilement. C'est le principe des arts martiaux. C'est ainsi que le judo est né. Des maîtres ont ensuite tiré l'essentiel du jiu-jitsu et du judo et ont créé une autre discipline : l'aïkido. Là, ce n'est plus de céder pour vaincre dont il s'agit mais de créer le déséquilibre de l'autre pour le mettre hors de combat.

A l'époque, il n'existait pas de fusils, pas de mitrailleuses. Les samouraïs s'affrontaient au sabre. Ils ont ainsi mis au point une technique de bataille au sabre qui s'appelle le té-kendo.

Ensuite, en partant de l'étude des centres vitaux, des points sensibles de l'individu, un autre maître a mis au point une technique du toucher : le karaté. Le coup de poing, le coup de pied visent le point vital, le centre sensible de façon à mettre hors de combat l'adversaire.

En Occident, on a déformé les arts martiaux : on en a fait un sport de combat comme la boxe et la lutte, tout simplement. Ce qui n'a plus rien à voir avec la science des arts martiaux.

Il y a bien sûr, aujourd'hui, d'autres disciplines : le kung-fu, le full contact, mis au point, la plupart du temps, par les Occidentaux.

Jusqu'à la fin de la Seconde Guerre mondiale, la compétition n'existait pas dans les arts martiaux. Dans un combat, personne ne gagnait. Ce n'était pas un sport, c'était une science.

Les choses ont changé à la fin des années quarante.

Durant la dernière guerre, les Japonais avaient préparé des milliers de kamikazes qui avaient juré de donner leur vie pour l'empereur du Japon. Le Japon vaincu, pour ces kamikazes, il fallait trouver une issue afin qu'ils puissent rompre leur vœu et on a commencé à organiser des compétitions d'arts martiaux entre kamikazes jusqu'à ce que mort s'ensuive.

La Chine a corrigé tout ça. On a dit : on va organiser des compétitions dans lesquelles on ne pourra plus se faire mal. Car l'origine des arts martiaux est à la fois japonaise et chinoise. Tous les grands samouraïs de Chine connaissaient les arts martiaux. Les samouraïs étaient là pour *défendre* leur seigneur, ils n'attaquaient jamais. Les arts martiaux n'ont jamais été un sport d'attaque. C'est un sport de défense. Lorsque que quelqu'un qui les pratique est attaqué, il prévient. Il dit :

« Laissez-moi tranquille car j'ai des connaissances que vous ne possédez peut-être pas. Je pourrais vous blesser. »

L'Occident s'est emparé des techniques en organisant à son tour des compétitions dont le sens primitif a disparu. Or il s'agit bien d'arts, de sciences, il s'agit d'apprendre la maîtrise de soi, le respect de l'adversaire.

Un adversaire peut être bien plus petit, bien plus maigre que vous et vous administrer une raclée avec ses connaissances. Il faut acquérir une grande agilité d'esprit, apprendre à réagir très vite, se créer des automatismes.

Regarder quelqu'un dans les yeux vous permet de savoir ce qu'il va faire et vous prépare à ce que vous-même allez faire.

Les arts martiaux sont une forme de vie, une forme de pensée. Pour acquérir les *kiaïs,* il faut vaincre dix adversaires. Après quoi, vous obtenez votre ceinture noire. Il faut faire les katas qui sont des mouvements codifiés.

A l'époque, il m'a fallu réussir la médecine de ceinture noire. Par exemple, arrêter les saignements de nez, réanimer quelqu'un tombé en syncope. Cela ressemble à du secourisme mais c'est bien plus que cela, car il fallait aussi réussir un kiaï valable : le cri de la mort. Le cri qui tue et qui est, en même temps, le cri de vie.

Lorsque Jigoro-kano, le fondateur du judo, lançait son kiaï, l'oiseau sur sa branche tombait à terre. Jigoro-kano le ramassait, il l'examinait, il lançait à nouveau son cri et l'oiseau s'envolait. C'est donc un cri qui peut paralyser l'adversaire, même le tuer et aussi le ramener à la vie.

Quand j'ai enseigné les arts martiaux, il est arrivé plusieurs fois qu'à la suite de mouvements maladroits un élève tombe en syncope sur le tapis. Je m'approchais près de lui allongé, moi debout, sans le toucher, je faisais le kiaï et il se remettait debout ! A cette époque, avant d'obtenir la ceinture noire, il fallait faire un kiaï valable. Maintenant plus. Un judoka ne sait plus le faire.

On nous apprenait aussi les points shiatsu – les 718 points vitaux et sensibles. Très importants. Ils permettent pour qui les connaît de mettre quelqu'un hors de combat... ou de le soigner. De cette technique-là, je pratique l'acupuncture, la tactipuncture. On nous les enseignait pour les arts martiaux. Mais pas pour soigner. Les soins, eux, sont réservés à ceux qui « ont les mains », à ceux qui ont des dons.

Après environ six mois d'entraînement, un jour, le Maître a demandé à voir les mains des élèves. Nous étions sept, huit élèves, tous des garçons. Il a observé nos mains et il est revenu vers moi et m'a dit :

« Vous avez les mains. »

« Avoir les mains » est un terme oriental. En Occident, on dit avoir des pouvoirs. Le Maître avait lui aussi les mains. Pour reconnaître quelqu'un qui les a, il faut les avoir soi-même.

J'avais dix-sept ans. Quand il m'a dit ça, le film s'est redéroulé devant mes yeux : la table qui vole, les autres qui me disent : « Tu n'es pas comme les autres. »

Tout défilait. Je commençais à comprendre des tas de choses. Encore une fois, je ressentais de la panique, une fois encore, j'étais, de nouveau, pas comme les autres.

Le Maître m'avait dit :

« Il vous faudra réfléchir. Vous êtes libre de refuser. Libre d'accepter. Si vous acceptez, vous ne pourrez plus faire marche arrière. Prenez votre temps, réfléchissez soigneusement. Vous me donnerez votre réponse plus tard. »

Que je refuse son offre n'aurait pas dérangé le Maître car il savait qu'ayant les mains, un jour ou l'autre, j'aurais fait le travail. C'était prévu. Mon initiation se serait produite.

J'avais des dons, la possibilité d'aider les autres. Le magnétisme y était déjà, il y était depuis toujours. Le méridien magnétique y était dès la naissance. Visible.

Il ne faut pas confondre guérisseurs et initiés. Les guérisseurs qui prétendent tout faire, ce n'est pas vrai, ça n'existe pas. Ils peuvent faire des choses, certes, mais limitées. Quant aux initiés, il y en a très peu dans le monde, au plus cent cinquante.

Les guérisseurs font des choses précises : certains soignent les maux de dents, d'autres les lombalgies, d'autres ne savent qu'arrêter les saignements de nez. Au départ, ils s'en contentent et puis, ils s'essaient à une autre chose et puis encore à une autre :

« Puisque je suis guérisseur, je peux aussi faire ça et ça, etc. »

Et ils acceptent de travailler sur n'importe quoi.

Je n'avais pas remarqué que mes mains étaient particulières. J'ai réfléchi une semaine et j'ai répondu au Maître que j'acceptais.

« Accepter, m'a répondu le Maître, n'est pas suffisant. Pour accepter, il faut une bonne raison. Quelle est votre bonne raison ?

– Ma raison est simple : je voudrais donner aux autres tout ce que je n'ai pas eu.

– C'est une raison valable. On va vous initier. »

Il m'a dit que je *pourrais aider les gens, que je pourrais les soigner*. Les aider de tellement de manières différentes... pour tellement de problèmes.

J'ai alors éprouvé le sentiment que je pourrais être un homme comme mon arrière-grand-père. Lui, il m'avait dit :

« Respecte les autres, fais bien ce que tu fais. »

Et les paroles du Maître, c'étaient celles de mon arrière-grand-père. Elles me convenaient.

Au fil de l'initiation, les deux choses n'ont plus rien eu à voir. Dans l'initiation, je n'étais qu'un outil. On m'a affûté pour remplir une mission qu'aujourd'hui encore j'essaie de remplir au mieux, en maintenant bien mes pieds dans mes chaussures. Être un homme ne signifie plus rien pour moi. Ce stade est dépassé.

On m'a enseigné une philosophie, une manière de penser, une manière de réagir.

C'était d'abord ça, l'initiation.

Ensuite, c'était apprendre à se connaître. Connaître ses possibilités. Reculer ses limites.

Enfin, c'était apprendre certaines méthodes, je dirais, de médecine orientale. Certaines pratiques. D'où je viens, où je vais. Et on apprend ce qu'on est, c'est-à-dire pas grand-chose : un outil. Un outil, ce n'est pas grand-chose mais ça peut faire un travail extraordinaire.

On vous enseigne une philosophie de vie.

Chaque jour qui passe sans laisser de trace, sans avoir fait quelque chose de bien, quelque chose de positif, quelque chose pour les autres est un jour perdu. Pour les autres.

Moi, je ne compte pas. Je n'importe que parce que les autres sont là.

Tous ensemble, nous sommes l'Océan. Je ne suis qu'une vague de l'Océan. Une vague hors de l'Océan n'est rien.

Une vie est courte. On n'a pas de jour à perdre. C'est un travail de tous les instants, un programme colossal !

Il y avait une trilogie à apprendre.

La trilogie des Maîtres, ce n'est pas le Père, le Fils

et le Saint-Esprit... la trilogie de vie des Maîtres, c'est : AMOUR, SAGESSE ET TOLÉRANCE.

Tous les jours, il faut essayer d'être un peu plus sage. D'être un exemple pour les autres.

Je ne veux pas être une référence pour les autres, mais je veux essayer chaque jour de me conduire pour que les autres réfléchissent aussi à leur façon de vivre, comme je réfléchis à ma propre façon de vivre. Tous les jours, j'essaie de mieux vivre pour les autres. Cela amène à s'interroger :

« Pourquoi se comporte-t-il ainsi ? Pourquoi ne réagit-il pas violemment quand on l'agresse ? »

Et de temps en temps, quelqu'un tente de faire de même.

Tous les jours, essayer, donc, de faire un petit pas vers la sagesse. Vers l'amour. Essayer d'aimer les autres davantage. Il y en a, bien sûr, qui ne veulent pas être aimés par moi. Ils s'en moquent que j'essaie de les aimer plus. Ils n'en ont rien à faire de mon amour. Ceux-là, je leur reconnais le droit de penser autrement que moi, je les laisse en paix. En revanche, ceux qui acceptent que je les aime un peu plus chaque jour, je peux leur apporter davantage.

J'essaie tous les jours d'être plus tolérant, sans jamais être complice. Ce qui est difficile car entre la tolérance et la complicité, la frontière est mince. Jusqu'où je reste tolérant, à partir d'où je deviens complice ? La réponse est en soi-même.

Amour, sagesse et tolérance, c'est la trilogie de vie, la philosophie que les Maîtres m'ont apprise, celle que j'essaie d'appliquer.

C'est la philosophie chrétienne, bouddhiste ? C'est *ma* philosophie. C'est celle de l'initiation. Avec elle, je suis devenu croyant, trop croyant pour ne pratiquer qu'une seule religion. Je n'en pratique plus aucune car je n'en ai plus besoin.

Dans l'initiation, le Maître et le disciple partagent

Qui se plie sera redressé, qui s'incline restera entier.

Une religion, c'est une option qu'on prend sur quelque chose. C'est une clé qu'on prend pour ouvrir une porte à la recherche de la Vérité. Vous avez besoin qu'on vous aide à la trouver. Une religion peut vous aider à la trouver, en cela elle est très bonne. Elle est conçue de manière à intéresser le plus de monde possible. La vérité y est donc toujours très romancée afin de la mettre à la portée du plus grand nombre possible de personnes. Mais l'essentiel est au-delà, il faut le chercher et s'y tenir.

Le premier but d'une religion, quelle qu'elle soit, est de regrouper le plus grand nombre possible d'adeptes pour obtenir le droit de cité, devenir une force. Car nous sommes dans un monde physique et matériel et nous ne pouvons pas ne pas en tenir compte.

La religion est une béquille qui vous sert à marcher. A partir du moment où l'on sait d'où l'on vient, où l'on va, pourquoi on est là, on n'a plus besoin de béquille, plus besoin de clé, plus besoin d'option. Je n'ai plus besoin de religion, elle est en moi, je l'ai découverte. Je n'ai plus à chercher. Je sais d'où je viens, je sais où j'irai ensuite.

Je suis conscient d'une chose et je le sais parce que j'ai eu des preuves, de multiples preuves, dont je n'ai même plus besoin.

Je sais que ceci, *c'est un corps physique, c'est un outil.* Derrière ce corps matériel, nous avons plusieurs corps. Il y a le corps éthérique : c'est notre rayonnement magnétique. Si nous sommes bien portants, nous avons un bon corps éthérique. On a un bon rayonnement magnétique. Si l'on est malade ou si l'on a mal quelque part, le rayonnement magnétique rétrécit à l'endroit malade. C'est visible et c'est un deuxième corps.

Visible : *pour qui veut se donner quelques années d'entraînement, c'est-à-dire visible à celui qui a appris à regarder les gens sans les voir. Regarder au travers. Et quand on apprend à regarder les gens sans les voir, on voit très vite un halo, comme une fumée de cigarette. Quand vous regardez une route asphaltée en été, vous voyez comme un tremblement, c'est la même chose mais en couleurs, la couleur c'est comme la fumée d'une cigarette bleue.*

Nous avons une âme. Qui a toujours existé et qui existera toujours. Et c'est notre âme, avec son niveau d'évolution, qui décide : elle va passer une vie de là et jusque-là. Dans cette vie, elle se choisit des épreuves. A sa taille. Qu'elle pourra passer. Pour progresser. Pour évoluer. Puisque quelque part nous avons été créés à l'image de Dieu, quelque part nous sommes appelés à revenir à sa hauteur. Et faire partie de cette entité qu'on appelle Dieu.

L'âme choisit de passer une vie, de là jusque-là. Avec telle et telle épreuve, pour progresser. Pour évoluer. Avec des compensations. Pour que ce soit vivable. Puis, quand elle a décidé de cette vie-ci, l'âme accomplit le travail qu'elle s'est choisi.

Quand vous décidez d'accomplir un travail, il vous faut un outil. Vous prenez un Bic pour écrire, allez-vous lui expliquer ce que vous allez faire avec lui? Non. Vous le prenez, vous vous en servez. Puis, vous en avez fini avec lui, vous le déposez.

Pour une vie, l'âme c'est pareil, elle prend, elle, possession d'un outil, d'un corps physique et matériel, pas d'un Bic. Elle ne lui explique pas ce qu'elle attend de lui, c'est pourquoi nous ne savons pas ce qu'il adviendra demain, elle s'en sert, elle passe la vie avec et quand elle a fini la vie comme elle l'avait décidé, elle dépose l'outil, elle dépose le corps physique et matériel. C'est la mort du corps physique matériel. Autrement dit : *ce n'est qu'une étape.* Après ça, l'âme retourne dans l'*astral,* elle a fait cette vie, elle a progressé d'autant, elle a évolué, elle a gravi un, deux, trois échelons. Là, elle décide si elle va aller passer une autre vie, avec d'autres épreuves. Pour ce faire, elle va reprendre possession d'un corps physique et matériel.

Si on ne passait qu'une vie, pourquoi y aurait-il des gens handicapés, malades, infirmes, d'autres avec une santé rayonnante, des gens qui sont immensément riches et d'autres tellement pauvres?

Il n'y aurait aucune justice divine.

Seulement, du fait que nous venons passer plusieurs vies pour accomplir notre évolution, pour nous améliorer, pour devenir le Dieu qui nous a créés à son image, nous passons tous par les mêmes choses : la justice divine existe.

La religion catholique parle de la résurrection du Christ et non de sa réincarnation. Mais si vous voulez mon avis, Il s'est réincarné, n'est-ce pas la seule façon de ressusciter? Il fallait qu'Il retrouve son corps pour ouvrir les yeux des sceptiques, qu'Il leur fasse admettre l'existence d'une puissance supérieure au-dessus d'eux, qu'ils ne pouvaient pas vivre sans spiritualité. Il s'est réincarné dans son corps matériel.

Quand le Christ a dit à Lazare : « Lève-toi et marche », il s'est produit la même chose, Lazare s'est réincarné dans son propre corps.

En fin de compte, nous sommes tous appelés à faire partie de cette entité qu'on appelle Dieu, ce que les catholiques appellent le paradis que nous trouverons lorsque nous aurons terminé notre évolution : appelons-le paradis, jardin d'Éden, là où il n'y aura plus de vie matérielle, plus de mal, dans un monde de sons et de lumière.

Voilà d'où nous venons, pourquoi nous sommes là, où nous irons après. Et quand on a fini et qu'on fait partie de cette entité qu'on appelle Dieu, il y en aura toujours à qui on demandera :

« Voulez-vous bien redescendre, aller repasser une ou plusieurs vies, sur la petite planète, là, sur la terre, pour aider les autres à réaliser leur évolution ?

Quand j'ai été initié, on m'a dit ce que j'ai été dans mes vies antérieures, je sais bien quand je vais mourir, le jour, l'heure.

Vivre avec la connaissance du jour de sa mort n'est pas important puisque la mort n'est qu'une étape. La mort n'est que la fin d'une étape.

L'apprendre fait partie de l'initiation. Ainsi que des tas d'autres choses *qu'on ne peut pas dévoiler.*

J'avais des dons, la possibilité d'aider les autres. Le magnétisme y était déjà, il y était depuis toujours. Le méridien magnétique y était dès la naissance. Visible. Par les Maîtres, j'ai appris à soigner.

L'initiation, par Maître Bonal, a duré cinq ans. Il avait fait quatorze ans d'Indochine. Après quelques mois, il m'a présenté à un autre Maître asiatique,

Maître Kawachi, puis j'ai connu Maître Yamamoto et d'autres et j'ai partagé leur philosophie pendant des années.

Ils m'ont appris les sciences orientales, une certaine forme de médecine : l'acupressure, la tactipuncture, l'acupuncture.

Le magnétisme a été introduit ici au XVIIe siècle par des médecins français, Mesmer et Quoilin.

En Orient, le magnétisme existait depuis trois mille ans. Ils me l'ont appris.

Les Maîtres m'ont aussi appris à voir l'aura des gens, l'âme, faite uniquement de couleurs. Le caractère, le tempérament de la personne vont influencer les couleurs de l'aura. Quelqu'un qui aura tendance à mentir aura une dominante verte dans son aura. Quelqu'un au niveau d'évolution moins avancé aura des couleurs à dominante foncée. L'aura d'une personne à niveau d'évolution spirituelle élevé sera étincelante jaune dorée.

Quand vous voyez l'aura d'une personne, vous savez tout d'elle, passé, présent, avenir.

Parce que le temps est inventé par l'homme, pour les besoins de l'homme. Dans l'astral, le temps n'existe pas. Il n'y a pas de temps, pas de distance. Il faut donc s'élever sur un plan astral pour voir l'aura.

Vous êtes au pied d'une immense montagne et vous voulez voir ce qu'il y a derrière, vous voilà parti. Vous gravissez la montagne. Vous vous élevez au sommet de la montagne, et, une fois en haut, vous vous retournez. Vous voyez là-bas la vallée, derrière vous et face à vous, une nouvelle montagne. Ainsi, vous avez l'illustration de la relativité des choses, après une montagne, il y a une autre montagne. Élevez-vous dans l'astral, dix kilomètres audessus de la montagne, vous voyez tous les versants de la montagne, tout se voit en même temps. Dans l'astral du moment où vous vous élevez, le temps n'existe plus. Entre Paris et New York, il y a une distance donnée. Demandez aux astronautes quand ils étaient dans la lune, Paris-New York, qu'est-ce que c'est? Les distances n'existent plus.

Par entraînement, on peut apprendre à faire le voyage astral. Chacun de nous le fait chaque nuit. Pendant que le corps matériel repose, le corps astral, l'âme, quitte le corps matériel et voyage. Après avoir réintégré le corps matériel, au réveil, on ne se souvient pas de tout mais parfois si. Je ne connais personne qui ne se soit trouvé un jour ou l'autre à un endroit où il n'avait jamais mis les pieds et qu'il est pourtant certain de connaître, et il dit :

« Je suis déjà venu ici et je n'y ai jamais mis les pieds. J'en sais tout. »

C'est parce qu'il s'y était rendu par le voyage astral.

J'ai appris à soigner par hypnose. Par magnétisme. Et j'ai appris à soigner en prenant possession de la personne présente.

L'hypnose est une chose, prendre possession de la personne pour mettre bon ordre en elle et en ressortir est une autre chose. Je peux entrer dans la personne et lui ôter la douleur dont elle souffre. Voilà ce que je veux dire. Un non-initié ne peut pas le faire.

Un Maître n'enseigne pas, un disciple n'apprend pas. Un Maître et un disciple *partagent*. Une initiation, c'est partager les connaissances avec un Maître. Dans cette initiation, il y a, bien sûr, un apprentissage – on apprend l'acupressure, la tactipuncture, etc. –, le reste est partage. C'est sur un plan astral que ce partage s'est fait pour moi avec des Maîtres qui sont morts depuis dix, quinze ou dix-sept ans. Et le partage se poursuit. Je suis pratiquement tous les jours en contact avec eux. Je quitte mon corps matériel.

Comment cela s'apprend-il? Je ne peux le dire. Parce que si je l'écris, des lecteurs voudront le mettre en pratique sans savoir que ce qui est en jeu, ce sont des forces extraordinaires, qu'on ne peut manipuler sans les connaître.

Lorsque j'ai été initié, j'étais disponible tout le temps, sur un plan astral, celui qui compte. La plus importante partie de mon initiation s'est produite sur le plan astral. En contact avec les Grands Maîtres.

Depuis mon passage dans l'émission de Patrick Sabatier sur TF1, je suis devenu plus connu en France, en Belgique. Mais nous recevions déjà auparavant du courrier de quarante-huit pays différents. Or je n'ai jamais mis les pieds en Orient, on n'a jamais lu là-bas un livre de René Théwissen et j'y suis aussi très connu! Il y a quelques semaines, nous avons reçu une délégation de bonzes venus en France. Ils m'ont dit :

« On vous connaît très bien en Orient, vous êtes " bodhisattva de l'avenir ". On fait appel à vous sur un plan spirituel mais nous, nous aimerions vous connaître sur un plan physique, envoyer des photos de vous en Orient. »

Ils m'ont photographié, ils ont pris mes mesures parce qu'on voulait me recevoir à la pagode de Paris pour me remettre la robe de « bodhisattva de l'avenir », de celui qui, ayant atteint l'état d'éveil, refuse l'état d'illumination tant qu'il n'a pas aidé tous les êtres à atteindre l'état d'éveil. Tous les êtres qui cherchent et qui veulent une recherche qui ne finit jamais dans cette vie-ci.

Le dalaï-lama est la réincarnation du Bouddha de la compassion. Il est sa quatorzième réincarnation. Moi, je suis « bodhisattva de l'avenir ».

Il existe six ou sept religions bouddhiques. Mais le véritable bouddhisme n'est pas une religion. C'est une philosophie. Là aussi, on l'a codé de plusieurs façons différentes pour rassembler le maximum d'adeptes. C'est le même système que dans les autres religions.

Je ne suis qu'un outil au service des autres

L'amour ne veut rien dire tant qu'il n'est pas mis en pratique.

Les gens m'écrivent pour des problèmes graves, viennent me voir après avoir rencontré ceux qui prétendent les soigner et qu'ils n'obtiennent pas de résultats. Ce sont parfois des cas graves. Des cancers, le sida, la sclérose en plaques, la polyarthrite évolutive, etc. Environ sept mille enfants de un à six ans vont mourir, dans un avenir proche, de tumeurs infiltrantes au cerveau. Depuis avril – nous sommes en novembre 1991 –, trois, quatre cents sont morts. Ils sont morts dignement, sereinement. Ils sont de tous horizons, de tous niveaux sociaux, de tous pays. Nous avons des demandes d'aide, je l'ai dit, de quarante-huit pays différents. Du Japon, d'Amérique, d'Australie, de Guyane, du Pacifique-Sud, de partout.

Depuis quarante ans, je consacre ma vie à aider les autres et j'ai pu remarquer par comparaison avec les années précédentes que le nombre des tumeurs infiltrantes au cerveau a été, depuis Tchernobyl, multiplié par huit. J'ai découvert que de plus en plus d'adultes en sont atteints.

Contre elles, il n'y a rien à faire. La tumeur infiltrante est inopérable. Elle grossit rapidement jusqu'à la mort inévitable. Je fais en sorte que les enfants qui l'ont contractée n'en souffrent pas trop. Qu'ils repartent dignement, sereinement, sans souffrir.

Depuis mon passage à la télévision, il arrive des lettres de partout. Nous avons eu ici, sur la pelouse, un charter d'Ougandais! Auparavant, venaient surtout des gens partis travailler à l'étranger mais originaires de par ici. Maintenant, c'est du monde entier. Or l'émission n'est pas passée à Chypre, en Australie, à Beyrouth, en Guyane, dans le Pacifique-Sud!

Je n'ai aucune gloire à en tirer. Je ne suis qu'un outil, j'assume mes responsabilités. Quand l'heure sera venue, je pourrai m'endormir parce que j'aurai fait mon travail.

Il y a aussi les milliers de lettres de ceux qui disent :

« J'ai le mal de vivre. Que pourrais-je faire, monsieur Théwissen, pour vivre mieux? Je ne sais pas ce que je fais ici. Je me sens inutile. »

Il faut leur expliquer que nous sommes, tous ensemble, l'Océan et seuls, chacun, une vague. Sans l'Océan, nous ne sommes rien. Il faut vivre en harmonie avec les autres. Et bien les aimer. Seuls, nous ne pouvons rien, nous sommes désemparés. Nous ne pouvons vivre ainsi. Il faut leur réapprendre à vivre plus proches de la nature, à prendre le temps d'aller en forêt, observer un arbre, antenne vers le ciel, s'en faire un ami, parler avec lui, ne pas lui faire mal. S'intéresser à la plus minuscule des fleurs. Elle se pare des plus subtils parfums, des teintes les plus fines : on la remarque. Et notre société nous incite à l'écraser sans même la voir alors qu'elle porte en elle tous les mystères de la vie. Elle a droit au plus grand respect. Il faut réapprendre tout ça.

Pourquoi sommes-nous sur terre? Trois p'tits tours et puis s'en vont? Ce n'est pas vrai. La preuve? Tout ce que vous pouvez posséder sur cette terre vous est prêté. Quand vous repartez, vous devez tout rendre. Le laisser là.

Pourquoi sommes-nous ici? Pour notre évolution. Quand une épreuve survient, c'est notre âme, c'est nous qui avons choisi l'épreuve pour progresser, pour évoluer. Le jour où nous comprenons que c'est pour nous rapprocher de Dieu, nous sommes beaucoup plus forts pour nous battre, pour la surmonter, cette épreuve.

Les trois quarts des gens en veulent à Dieu et aux hommes parce qu'ils rencontrent de grandes épreuves. Il faut leur expliquer qu'ils n'ont pas à en vouloir à qui que ce soit. Ce sont eux qui les ont choisies. A partir du moment où ils le comprennent, ils ne se laissent plus abattre. L'énorme montagne devient un monticule qu'on franchit aisément. Les épreuves sont faites pour être abattues, pas pour nous abattre.

C'est d'une logique enfantine : donner aux problèmes leur juste valeur. La douleur, je l'ai vécue : je peux en dire, aujourd'hui, qu'elle est relative. Je n'ai jamais baissé les bras, je l'ai toujours vaincue. J'en suis d'autant plus fort. C'est ce que j'explique à ceux qui viennent à moi.

En dehors des consultations, lorsque des gens me rencontrent, je ne les questionne pas. Je me contente de répondre aux questions qu'ils me posent. Je m'efforce de demeurer à ma place. Je ne leur impose rien. Liberté à chacun de vivre comme il l'entend. On me pose une question, je réponds à la question. On ne me pose pas de question? Je n'ai rien à dire. Quelqu'un me confie :

« Je souffre beaucoup.

– Ah, et que faites-vous contre la souffrance?

– J'ai vu le docteur.
– Et il vous a donné des remèdes?
– Oui, il m'en a donné.
– Et cela vous a soulagé?
– Non.
– Vous l'avez dit au médecin?
– Oui.
– Et que vous a-t-il répondu?
– Il m'a répondu que je devais vivre avec. Vivre avec, vivre avec, ce n'est pas toujours facile. Qu'est-ce que je peux faire d'autre?
– Faire confiance à votre médecin. »

Je ne dirai jamais à quelqu'un :

« Je peux vous aider. »

Parce que là, quelque part, c'est déjà influencer mon interlocuteur. Ce n'est pas honnête.

J'attends de la personne en face de moi qu'elle fasse elle-même la démarche. Tant qu'elle ne la fait pas, tant qu'elle pense s'en sortir seule, je n'interviens pas. Elle fait la démarche? Alors, je peux l'aider.

Nous vivons dans un présent qui n'existe pas. Il est instantanément du passé. Mais je ne dis jamais l'avenir. Si je disais à une personne les meilleures choses que je vois pour elle, consciemment ou inconsciemment, elle organiserait sa vie pour en tenir compte et j'aurais porté atteinte à sa liberté. Je serais malhonnête.

A quelqu'un qui me dit : « Moi, prévoir l'avenir, je n'y crois pas », si je répondais : « Dans huit jours, vous allez gagner au Loto », sitôt sorti de chez moi, il courrait acheter un billet de Loto et il recommencerait la semaine suivante.

Je me suis trouvé, il y a peu de temps, à la radio avec un ministre et une voyante. Le présentateur m'a dit :

« Monsieur Théwissen, après vous, nous allons recevoir la voyante mais puisque vous êtes là, pouvez-vous dire quelques mots à monsieur le Ministre sur son avenir?

– Mon rôle à moi, ai-je répondu, c'est d'aider les gens : c'est une vocation. Je ne fais pas de spectacle. Dire l'avenir aux gens, c'est le rôle de la voyante. C'est son métier. »

Certains de mes visiteurs, déçus, me demandent :

« Je vais très mal, est-ce que ça va continuer? »

Je leur réponds :

« Si ça va si mal, ça ne peut pas aller plus mal : votre avenir, vous le découvrirez jour après jour. Mon rôle à moi, c'est de ne rien vous promettre.

– Mais ce n'est pas malhonnête de dire mon avenir.

– Si, Madame, parce que quoique je vous dise, vous organiserez votre vie en fonction de ma réponse. J'aurais porté atteinte à votre liberté. Je ne le ferai pas. »

Quant aux voyantes, qui répondent à ce genre de question, ce n'est pas à moi de les juger. Je dis ce que je ne veux pas faire, pourquoi je ne le fais pas, libre aux autres d'agir différemment.

Pourtant, bien des personnes, et non des moindres, consultent des voyantes. Cela traduit le manque, le vide que beaucoup ressentent.

Les religions sont dépassées. Les gens sont à la recherche d'une vérité qui leur échappe. Ils vont un peu n'importe où pour tenter de savoir. C'est un danger de fréquenter des sectes, de consulter des extralucides, des voyants, des soi-disant guérisseurs. Il y en a qui savent très bien beurrer leur tartine sur le dos du malheur des autres.

Les gens ne savent plus s'assumer seuls. La société

les a tellement conditionnés qu'ils deviennent des assistés. Dans tous les sens du terme. Ils souhaitent qu'on les prenne par la main. Il faut les mettre en garde contre ça.

Avant mon passage dans cette émission de télévision, plusieurs guérisseurs m'avaient précédé. Certains se sont montrés pendant plus d'une vingtaine de minutes. Ils ont reçu, quoi? soixante, septante mille lettres après. Je passe à la télévision. Je ne dis pas grand-chose. Et ça fait un million et demi de lettres. Et ça continue. Et on en est toujours à quatre cents appels téléphoniques par jour. Tout le monde, TF1, les médias sont dépassés. Ils ne comprennent plus. Et, tout doucement, ils essaient de remettre les montres à l'heure. On lit, on entend : « Un guérisseur condamné pour faux », « Un guérisseur condamné pour escroquerie ».

On fait une émission sur A2, pour essayer de « démystifier » les guérisseurs.

Pourquoi? Parce que je dérange et fais peur.

Sept minutes et demie chez Sabatier, deux millions de lettres! Je fais peur. C'est phénoménal. D'autant plus qu'il continue d'en arriver.

Un audimat à 52. Sans publicité. Sans me citer.

Et ce bonhomme de Théwissen, on ne peut même pas lui mettre une étiquette sur le dos! Pas d'étiquette, c'est grave à notre époque où tout le monde est étiqueté. Je ne prends pas d'honoraires, je ne prends pas d'argent. Je fais des choses que les autres ne peuvent pas faire.

Trois semaines après mon passage à l'émission de Patrick Sabatier, Patrick Sébastien faisait un sketch de sept minutes dans son émission « Sébastien c'est fou ». Dans « Tous à la Une », c'était « Jésus » recevant des tas de lettres.

Par un hasard qui n'en est pas tout à fait un, moi qui ne regarde jamais cette émission, j'ai su qu'il fallait que je la regarde. Je l'ai vue. Sébastien se moquait d'une manière déplaisante.

A la suite du passage sur TF1, la télévision belge est venue me voir pour l'émission « Ce soir ». La présentatrice m'a dit :

« Si vous êtes tellement fort, vous pourriez peut-être faire une expérience jamais faite à la télévision ?

– Je vais vous dire une bonne chose, ai-je répondu, je ne suis pas ici pour le spectacle, ni pour amuser le public. Ce que vous proposez là, je vais le faire au travers de votre caméra, au travers des écrans de télévision. Les gens qui veulent se donner la peine de bien me regarder, je vais les soigner. »

Et on a fait ça, à peine trente secondes. Dans les quinze jours suivants, on a reçu des milliers de lettres.

Un paraplégique d'Anvers, malade depuis des années – il fallait deux personnes pour le charger en voiture, le mettre dans son fauteuil –, m'a regardé. Il m'a bien regardé. Et le lendemain, il s'est levé de son fauteuil. Il a dit :

« Je vais faire un pèlerinage à Houtain, je veux remercier ce monsieur. »

Il a marché. Trois jours après, il a gravi la pelouse, il a sonné à notre porte :

« Monsieur Théwissen, je vous ai regardé à la télévision et depuis ce jour-là, je marche. Merci. »

Une hémiplégique d'Angleur, un bras, une jambe paralysés, m'a regardé à la télévision. Cinq jours après, on a reçu sa lettre. Elle remarchait.

On a reçu des milliers de lettres comme ça.

Patrick Sabatier l'a appris.

« René, accepteriez-vous de le faire pour TF1 ? » m'a-t-il demandé.

J'ai répondu oui, bien sûr. Il l'a expliqué à son public. Il lui a dit :

« Si vous voulez que René Théwissen fasse une expérience sur TF1, écrivez : René Théwissen, OUI. Ou, au contraire, René Théwissen : NON. S'il y a cent mille demandes, on le refait sur TF1. »

Il a reçu des centaines de milliers de cartes. Depuis, j'attends.

Paraplégique, ce peut être un accident de parcours, l'outil ne fonctionne plus. Vous vous servez d'un marteau, le manche se casse. C'était imprévu. Que faites-vous ? Vous mettez un nouveau manche. Le paraplégique, ce n'était pas prévu dans sa vie. Je le remets sur pied. Il n'y a pas de miracle. C'est normal. Si c'est prévu différemment, je ne le referais pas marcher.

Quand quelqu'un m'appelle, je le sens, je sais pourquoi il m'appelle.

On m'appelle plusieurs centaines de fois par heure, *jour et nuit.*

Je travaille vingt-quatre heures sur vingt-quatre. Je travaille par magnétisme constamment. Je peux être ici, dans cette pièce, avec quelqu'un et je peux être par la pensée ailleurs, avec quelqu'un d'autre.

Quand j'ai connu Bernadette – elle n'était pas encore ma seconde femme –, je la suivais depuis l'âge de six ans. Je ne la connaissais pas *physiquement* mais je savais qui elle était *mentalement.* J'aurais pu aller la voir avant qu'elle m'apparaisse mais il y a l'intégrité, la « légalité de la chose », si je peux appeler ça comme ça. Je l'attendais.

Son ami a eu une hémorragie cérébrale en 1982, il a été transporté à la clinique et la première personne à laquelle Bernadette a téléphoné, c'est moi. Je lui ai dit :

« Il y a deux heures que j'attends ton coup de fil. J'arrive tout de suite. »

Bernadette avait trouvé cela étonnant parce que je ne me déplace pas, généralement. A la clinique, elle m'a dit :

« Sauve-le moi. »

J'ai répondu :

« Je ne te le sauverai que si je te le rends dans l'état où il était. »

Pendant la semaine qui a suivi, je l'ai préparée au décès. Puis les médecins ont débranché les appareils. Et il est mort.

Le lendemain de l'enterrement, j'ai dit à Bernadette :

« Tu as trente-six ans, il ne faut pas rester seule, il faut penser à te remarier. »

Bernadette tenait mon secrétariat, je la voyais régulièrement, je lui répétais :

« As-tu pensé à regarder autour de toi ? »

Mais jamais je ne me serais permis de lui parler de moi. C'était à elle de décider, pas à moi. Je ne devais pas l'influencer. On peut dire son sentiment à quelqu'un. Mais moi, je ne le pouvais pas. Il fallait que ce soit elle qui, seule, décide.

Une de ses amies lui avait demandé :

« Pourquoi ne te remaries-tu pas ? »

Elle avait répondu :

« Je ne me remarierai jamais car aucun homme n'acceptera que je continue de travailler pour René Théwissen. Et comme il est très seul, je ne le laisserai jamais tomber. »

Cette amie m'a répété les propos de Bernadette. Et j'ai pensé :

« Elle est mûre. »

J'ai sonné chez Bernadette le 25 juillet 1985, le 9 novembre 1985 nous étions mariés. Et fin septembre, nous avons emménagé ensemble. Six mois après, Bernadette m'a dit :

« Tu sais que tu ne m'as jamais demandée en mariage. »

C'était vrai. Mais ce n'était pas nécessaire. Cela allait de soi. Ce n'était pas nécessaire de la demander en mariage.

Un 21 juillet, fête nationale belge, j'étais en vacances, à la mer. Une amie de Bernadette, Maguy, lui raconte qu'elle m'a vu... Elle circulait en voiture vers Herstal et elle m'aperçoit dans le rétroviseur de sa voiture. Elle s'arrête, me fait signe : je descends de ma voiture qui était derrière la sienne. Je bavarde quelques instants avec elle sur le bord de la route, coups de klaxons de la file de voitures derrière. Je remonte dans ma voiture... et je disparais. Maguy ne voit plus ma voiture qui était pourtant coincée derrière la sienne !

C'est Maguy qui a raconté cette histoire à ma femme Bernadette. Elle affirme : 1) qu'elle m'a rencontré sur cette route alors que Bernadette savait que j'étais sur la côte belge ; 2) que j'ai subitement disparu... Je ne demande à personne de croire à cette « histoire ».

Autre anecdote : Bernadette et son ami sont en voiture sur la route. Le fils de cet ami et sa femme sont dans une autre voiture, devant. Ça se passe à Fléron, par ici. Il y a une file de voitures montantes et une file de voitures descendantes. Les deux voitures, celle de Bernadette et son ami et celle de son fils, déboîtent de leur file et se placent sur la bande centrale pour tourner à gauche. Le trafic descendant les en empêche. Et soudain, face à leurs deux voitures, arrive pleins gaz un camion qui ne les a pas vues à temps. Les deux voitures ne peuvent pas bouger. L'accident est inévitable. Que fait Bernadette ? Elle m'appelle :

« René ! »

Et les deux voitures se retrouvent... sur le parking du supermarché ! Le fils de l'ami sort de sa voiture, ému, tremblant, il dit :

« Que s'est-il passé ? Je n'ai rien fait, je n'y comprends rien et nous sommes là. »

Ici, il n'y a pas à comprendre, il y a à admettre.

Exemple, encore. Bernadette va voir un médecin qui lui prescrit un médicament contraire à son état. Le pharmacien le prépare. Le lendemain soir, Bernadette va le chercher. Elle doit prendre trois cachets par jour. Elle dîne, absorbe le premier cachet. Et devient raide comme planche. Elle s'évanouit. Il est 18 heures.

A cette époque, Bernadette vivait seule. Effrayée, elle a juste eu le temps de crier :

« René, sauve-moi ! »

Plusieurs heures après, vers 23 heures, elle reprend connaissance. Comme ivre. Le cerveau embrumé. Elle appelle sa sœur, se trompe de numéro de téléphone. S'aperçoit qu'elle a égaré ses lunettes. Angoissée et perdue, Bernadette finit par murmurer :

« Je t'en prie, René, trouve-moi mes lunettes. »

Et elle entend :

« Elles sont sur le divan. »

Les lunettes étaient posées sur le divan. Elle se couche. Vers 2 heures du matin, elle doit se lever pour un besoin pressant, elle se lève et face à la porte des toilettes, elle me *rencontre* et je lui dis :

« Comment vas-tu ?

– Je vais très bien.

– Il n'y a pas de problème ?

– Il n'y a pas de problème. »

Et j'ai disparu aussitôt.

Ça, c'est Bernadette, qui me l'a raconté.

N'importe qui peut faire appel à moi. Mais je suis aussi là où on ne m'attend pas, pour faire une plaisanterie. Jean Jour, dans son livre *René Théwissen, un homme quatre vies,* le raconte ainsi :

« Je terminais un chapitre de ce livre quand mon dossier Théwissen, installé sur une table basse, chuta sur le tapis. Je n'ai pu m'empêcher de rire : il fallait bien que cela m'arrive, et précisément à ce moment-là ! Et pourquoi ce dossier et pas un autre ?

« Quelques secondes plus tard, la lampe de mon bureau se mit à clignoter. Il était tard. J'avais envie d'arrêter le travail et d'aller me détendre. Je pris sur moi de clôturer le chapitre avant de m'accorder une heure libre. La lampe clignota jusqu'au point final avant de redevenir continue. Elle n'était ni usée ni dévissée. Il n'y avait pas de faux contact. Bien sûr, mon bureau vibrait sous la machine. Mais cela aurait pu se passer aussi les jours précédents [...] »

Car, de temps en temps, je fais une blague amusante.

Un jour, José, l'ami qui vivait encore avec Bernadette, me dit :

« René, il faut que tu fasses quelque chose pour moi.

– Oui, pourquoi ?

– Bernadette, elle dort avec sa culotte.

– Je vais t'arranger ton problème, José. »

Et une nuit, Bernadette s'est réveillée sur le balcon de leur appartement, en pleine nuit, elle s'est vue en train de secouer sa culotte sur le balcon !

Ma philosophie

Imposer sa vie à autrui est une démonstration de force ordinaire. Se l'imposer à soi est un témoignage de puissance véritable.

J'ai enseigné les arts martiaux. Je crois avoir été un bon professeur. Je n'y ai pas tout à fait renoncé : les bénévoles qui travaillent avec moi m'ont demandé de les enseigner. Pour leur faire plaisir, j'ai accepté : je donne des cours de tai chi chuan à trente-deux sur les quarante-six, le samedi.

Le tai chi chuan est une gymnastique chinoise où les mouvements très souples sont fondés sur la respiration. Les élèves, par la respiration et les mouvements, puisent dans l'énergie qui les entoure et rejettent tout ce qui est mauvais en eux. On ne doit pas rechercher les mouvements codés mais ce qu'instinctivement l'organisme sent, ne pas se poser de questions, ne pas s'occuper du voisin. L'important est de réapprendre à respirer, à prendre l'énergie vitale, le magnétisme, s'en imprégner, rejeter les mauvaises pensées. On prend alors des forces.

Depuis que je leur donne des leçons, ces bénévoles ont changé. Ils respirent mieux, ils vivent mieux. Ils savent que pour une large part, ils peuvent se soigner eux-mêmes. Ils n'ont besoin de personne, ils savent que la vérité est en eux. Qu'une force extraordinaire nous entoure, qu'il faut apprendre à la maîtriser.

Lorsque j'enseignais professionnellement, j'ai eu jusqu'à cent vingt élèves. Je leur montrais un mouvement. Ils l'expérimentaient sur moi. Si quelqu'un devait être blessé, c'était moi. Et c'était ainsi, quand ils faisaient mal un mouvement, ils me blessaient. Je leur réexpliquais. Ils le refaisaient jusqu'à ce que le mouvement soit correct. Ensuite, ils travaillaient ensemble et je les surveillais.

Peu de mes élèves en arts martiaux auraient pu être initiés. Les trois ou quatre avec lesquels j'ai commencé, j'ai vite su que ça n'irait pas. Après deux ou trois mois d'initiation, ils m'ont dit :

« Vous savez, j'ai l'intention de me mettre à mon compte comme guérisseur, je ne demanderai pas plus de mille francs d'honoraires.

– Fini, je regrette, terminé », leur ai-je répondu.

Et j'ai attendu, jusqu'à cinquante-six ans, que quelqu'un – Bernadette – vienne me seconder.

Sans les circonstances que j'ai connues, j'aurais pratiqué les arts martiaux, moi aussi, dans un tout autre état d'esprit. Certains de ceux qui les pratiquaient en même temps que moi le faisaient pour le sport, pour d'autres, c'était aussi un moyen de défense. Chez moi, c'était une manière de canaliser cette agressivité qui m'habitait. Qu'on m'avait inculquée, finalement. Mais qui ne faisait pas partie de mon caractère, au départ.

J'ai appris dans la région, à Jupille où il y avait un cours. J'y suis allé d'abord pour décharger les piles. Avant, j'avais tâté de la boxe. Du catch. J'avais pratiqué la boxe française.

Plus tard, en même temps que les arts martiaux, durant sept ans, j'ai tiré à l'arc en zen, yeux bandés.

La flèche file, avec la puissance de la vie, la puissance de la pensée.

Il y a la flèche, il y a la cible. Les deux ne doivent plus faire qu'un. Bandez-moi les yeux, faites tout ce que vous voulez : moi, je veux que la flèche aille dans la cible. Concentration. La flèche part, elle atteint la cible. C'est normal puisque je le veux. Il n'y a pas de miracle.

La boxe, le catch sont deux choses différentes. Dans arts martiaux, il y a le mot « arts ». Et c'est ce mot qui m'avait touché, sans savoir ce qu'il recouvrait.

A l'époque, il y avait à peine cent vingt pratiquants pour toute la Belgique.

J'ai enseigné comme personne, je crois.

Pour tous mes élèves, à tous mes cours, il y avait une demi-heure de gymnastique, une heure d'entraînement, une demi-heure de philosophie. Pour tous, il y avait, pour finir, une demi-heure de philosophie. Sans esprit de secte ou de religion. Cela ne veut pas dire que je ne me construisais pas, peu à peu, ma propre philosophie de vie.

La philosophie de vie que je me suis peu à peu construite est simple.

Il faut s'accepter tel qu'on est, ne pas vouloir être autre chose. Je suis fier d'être ce que je suis. Je suis heureux. On m'a fait comme ça. Il y avait une bonne raison. Je n'essaye pas d'être autre chose. Ça ne m'intéresse pas d'être autre chose. Si ma seule chance est d'être égal aux autres, alors ce n'est pas une chance. L'important est de devenir soi.

Tous les jours, il faut remettre l'ouvrage sur le métier. C'est ainsi qu'on devient soi.

Il faut apprendre à bien se connaître pour devenir soi-même.

Être soi, c'est faire le bien. Il a fallu que je souffre tout ce que j'ai souffert pour y parvenir. Mais rien de ce que j'ai vécu n'a été perdu.

Vous pouvez, vous-même, recapter une pensée que vous avez émise six mois auparavant ou dix ans. Il arrive que vous émettiez une pensée et six mois, dix ans après, vous recaptez cette même pensée.

Aucune pensée que vous émettez ne se perd jamais. Elle est recaptée des dizaines, des milliers de fois. C'est, en quelque sorte, un aimant.

Il existe le positif et le négatif.

Il y a les bonnes pensées et les mauvaises pensées. Si on veut les mettre face à face, elles se rejettent. Comme avec un aimant. Mais les bonnes pensées vont toutes les unes vers les autres. Elles forment une masse. Une force extraordinaire.

Les mauvaises pensées aussi, d'ailleurs. C'est pourquoi des gens peuvent faire le mal autant que moi je fais le bien.

Certains n'émettent que des pensées négatives contre quelqu'un, ils pratiquent la magie noire, la sorcellerie. Ceux-là, je les plains. Parce qu'il y aura, plus tard, une justice. Ils auront un choc en retour. Le mal leur reviendra. En ce qui me concerne, je ne fais que le bien, je suis programmé pour cela, je suis un outil du bien puisque j'ai été initié, préparé à faire un certain travail.

La puissance de la pensée est quelque chose d'extraordinaire. La puissance de la pensée est comme la radio dont vous vous servez chaque jour. La radio capte des ondes. Vous aussi, vous émettez des ondes sur une longueur d'ondes donnée. La pensée voyage sur cette longueur d'ondes et elle ne se perd jamais, comme pour la radio, et votre pensée sera captée par des centaines et des centaines de milliers d'autres personnes avec cette différence que les pensées, vous pouvez les recapter dans quelques mois, dans quelques années.

Lorsque j'ai un cas à traiter, je peux capter ces pensées.

Je fais appel à toutes ces pensées. Avec cette force extraordinaire dont je dispose, j'aide là où la médecine ne peut rien. Et lorsque j'ai aidé et que j'ai apporté une amélioration, la médecine traditionnelle peut à nouveau intervenir. Ensemble, nous faisons ce qu'on appelle des miracles. Mais il n'y a pas de miracles. C'est tout à fait normal. Pour moi, ça tombe sous le sens.

Sur une photo, je vois si c'est le moment de pouvoir faire quelque chose pour l'autre.

Certes, je ne peux pas tout pour l'autre. Je n'empêcherai pas sa mort. Mais je ferai que celui de la photo « retourne » dignement, sereinement. Que ça se passe le mieux possible, pour lui et pour son entourage.

Je pourrais plus, mais je n'ai pas le droit de prendre la décision finale. La décision finale, c'est en nous qu'elle est prise. Moi qui ne suis qu'un outil, je fais mon travail. La décision finale vient d'en haut.

Certes, on peut avoir envie de garder toujours près de soi les gens qu'on aime, mais ce ne serait pas honnête. Car la vie que vous vivez maintenant, c'est vous qui en avez décidé.

Pour progresser, pour évoluer, puisque quelque part nous avons été créés à l'image de Dieu, nous devons devenir bons et justes et parfaits, comme Lui, pour faire partie de cette entité qu'on appelle Dieu et pour cela, nous passons des vies, plusieurs vies.

La vie que nous passons maintenant, c'est notre âme qui en a décidé. Nous avons choisi de passer notre vie de là jusque-là et à tel moment, notre âme aura choisi d'arrêter.

Pourquoi aurais-je le droit d'intervenir et de prolonger cette vie-là? Ce serait une atteinte à la liberté de l'autre. Je n'en ai pas le droit.

Il y a la mort du corps physique et matériel. Mais l'âme est toujours là. Et elle a encore progressé d'autant. Et elle va préparer une autre vie.

S'il n'y avait pas plusieurs vies, ça ne rimerait à rien du tout, ça n'aurait plus de sens, il n'y aurait pas de Dieu.

Dieu est bon et juste et parfait : alors pourquoi, ainsi que je l'ai déjà dit, certains seraient-ils immensément riches et d'autres pauvres ? certains handicapés et d'autres bien portants ? Où serait la justice divine là-dedans ?

La vie ne se juge pas sur une vie seulement mais sur plusieurs puisqu'il y a réincarnation. On vient en passer plusieurs. Et en fin de compte, nous sommes tous passés par les mêmes étapes pour accomplir notre évolution.

De temps en temps, d'ailleurs, des personnes se souviennent de bribes de vies antérieures et elles disent :

« A telle époque, moi je vivais là et il y avait ça, ça et ça. »

Vous entrez dans une maison, vous pénétrez dans une pièce, vous reconnaissez la lampe, les livres, les meubles qui y sont comme si vous les connaissiez déjà. Or vous n'y êtes jamais allé ! On vérifie et c'est rigoureusement exact.

Et on se dit : comment ça se fait ?

Mais c'est voulu.

Pour ne pas que les gens perdent de vue qu'au-dessus d'eux, il y a quelque chose.

Que la vie ce n'est pas : trois p'tits tours et puis s'en vont.

Tout le monde meurt et alors, ce ne serait que ça ? Tout le monde debout : les bons à droite, les mauvais à gauche.

Ce n'est pas si simple que ça, Dieu est bien meilleur que ça. Dieu ne condamne pas comme ça.

Nous sommes tous passés ou nous passerons tous par les mêmes étapes au cours de nos différentes vies. Pour qu'ensuite nous fassions partie de cette entité qu'on appelle Dieu.

Plus l'âme évolue et plus elle a envie d'évoluer. Et plus elle se rapproche de cette entité qu'on appelle Dieu, et plus elle a envie de l'approcher.

Certains êtres, avec leur niveau d'évolution, veulent atteindre plus vite ce but. Ils choisissent un chemin trop dur et ils ne peuvent plus s'y tenir : ils arrêtent. Ils ont présumé de leurs forces, ils ont choisi au-dessus de leurs moyens et alors le corps matériel ne tient pas le coup, les épreuves sont trop dures à supporter. La vie devient obsessionnelle, ils ne pensent plus qu'à la mort ou au même problème qui les hante parce qu'ils s'y étaient mal pris au départ, ils se braquent sur quelque chose. C'est le suicide. Le suicide n'est pas une mort qui a été décidée d'avance, elle n'est pas toujours un choix.

Je pourrais peut-être intervenir avant par l'hypnose qui est, en quelque sorte, un lavage de cerveau.

Mais ce qui est acquis est acquis. L'âme rechoisira dans l'astral une vie, mais plus raisonnable.

L'intelligence est une chose, l'instruction, une autre chose. L'intelligence est innée. Elle est un acquis.

Voici un vieux paysan, il n'a jamais été à l'école, il est resté toute sa vie derrière ses vaches. Pourtant, on peut toujours aller lui demander un conseil, il connaît tout. D'où tire-t-il tout ce qu'il sait? C'est l'acquis. *C'est l'acquis des vies antérieures.*

Comment expliquer qu'un gosse de cinq ans et demi dirige un orchestre de cent cinquante musiciens?

Où l'a-t-il appris?

Grâce à l'acquis des vies antérieures.

De tels faits se reproduisent régulièrement.

A cinq ans et demi, il n'est pas possible d'avoir un bagage intellectuel suffisant pour diriger un orchestre de cent cinquante musiciens. Si cet enfant y parvient aussi justement, c'est qu'il possède quelque chose qui vient d'ailleurs.

L'instruction, c'est ce que vous pouvez apprendre à l'école, dans la vie.

L'intelligence, c'est l'acquis des vies antérieures.

Sous le mot intelligence, je mets tout ce qu'on n'a pas appris. C'est tout ce que pense le vieux paysan derrière ses vaches, tout ce à quoi il réfléchit, qui mûrit, tout ce qu'il voit et que les autres ne voient pas car c'est un être déjà très évolué. Il a son acquis, là est son intelligence. Il *sait* sans qu'on le lui ait jamais appris.

Certains croient que Dieu n'existe pas, mais alors, comment aurait-on pu penser mettre le soleil, la lune là où ils sont ? Quand Dieu a dit : « Que la lumière soit », la lumière fut, ce fut le « big bang ». Qui l'a provoqué ?

Les scientifiques disent : « Ce sont des gaz. » Mais qui a fait ces gaz ? Une explosion pareille ne s'est pas produite toute seule.

Il ne faut pourtant pas tomber dans l'autre travers, expliquer tout comme la religion le fait parfois : le serpent et la pomme, par exemple, est une image dont la religion catholique n'aurait jamais dû user.

Adam et Ève ont mordu dans la pomme, ils ont eu deux enfants, Abel et Caïn. Caïn en tuant Abel a tué... le quart du monde... Restaient Adam, Ève et Caïn. Comment, dès lors, le monde s'est-il perpétué ? Caïn aurait-il fait des enfants avec sa maman ?

Par les médias, la presse, etc., les gens se sont tout de même un peu plus cultivés, même le plus imbécile sait ce qu'il se passe dans le monde. L'ancienne façon d'expliquer la genèse est dépassée. La religion n'a pas suivi le mouvement, elle aurait dû s'adapter, se modifier.

N'importe quelle religion préfère maintenir les gens dans la crainte pour mieux les dominer, elle invente des gendarmes, ici la peur de l'enfer, la peur du purgatoire... Nous ne sommes que des pauvres pécheurs. Nous avons été créés à l'image de Dieu? Mais Dieu, lui, n'est pas un pauvre pécheur! C'est un être extraordinaire! Si nous sommes créés à son image, nous ne pouvons pas être de pauvres pécheurs.

Quand on nous dit, vous venez au monde avec en héritage le péché d'Adam et d'Ève, si tant d'années après nous devons encore payer la note, alors où est la justice divine? Une telle explication n'est plus de mise, elle ne tient plus la route. Nous ne pouvons plus être responsables du péché originel. Dieu ne punit pas, il est bien meilleur que ça.

Malgré tout ce que j'ai dû endurer, j'ai quand même rempli ma mission : être un exemple pour les autres.

L'exemple vient d'en haut.

Pour aider ceux qui souffrent, je dois avoir moi-même souffert, plus que n'importe qui.

Comment pourraient-ils m'accorder crédit si j'ignorais ce qu'est la souffrance?

Pourrais-je leur expliquer comment la vivre? Si ma vie a été un festin, avec un portefeuille « gros comme ça », comment mon interlocuteur pourra-t-il accorder crédit à ce que je lui dis, surtout si je lui explique comment vivre ses peines?

Il est trop facile de dire aux autres : « Écoutez, ne prenez pas votre souffrance ainsi, il faut savoir que, il faut savoir que... », alors que votre interlocuteur connaît l'épaisseur de votre portefeuille, gros comme ça.

C'est une philosophie de vie. Je sais d'où je viens,

je sais pourquoi je suis là, je sais où je vais. Pour moi, il n'y a plus de problèmes. Je l'ignorais avant mon initiation et c'est pourquoi je me suis révolté. Pour savoir, il fallait préparer l'outil, il fallait l'éduquer. Il fallait souffrir non seulement dans son âme mais aussi dans ses chairs. Afin d'être prêt pour accomplir un tel travail. Dans ma tête et dans mon corps, je devais passer toutes ces étapes.

Ma première femme a refusé cette évolution pendant vingt-deux ans. Je devais néanmoins supporter cette vie invivable avec elle pour être là, pour élever mon fils et je devais franchir ces étapes indispensables.

Le jour où ça devait finir, ma femme m'a chassé.

Je suis rentré un jour, après mes consultations, il y avait une boîte en carton sur le seuil de la porte : ma femme, elle, était à la fenêtre. Elle avait mis mes affaires dans la boîte et elle m'a dit :

« Maintenant, tu ne rentreras plus. »

Elle s'était disputé avec les voisins, elle ne s'entendait plus avec personne. Les voisins m'ont dit :

« Défonce la porte, fiche-lui une raclée. Tu es tout de même chez toi, tu en as le droit. »

J'ai répondu non.

Il n'y avait que moi qui savais ce que j'avais enduré avec elle, qui l'avais supporté et savais qu'il fallait l'endurer.

Dans la boîte déposée sur le seuil de la porte, il n'y avait même pas une cuillère, il y avait mon costume, une chemise, un slip, une paire de chaussettes et mes bonnes chaussures; c'est tout. J'ai pris la boîte, je l'ai mise dans le coffre de ma voiture, je suis parti jusqu'aux Hauts-Sarts (Herstal) et j'ai dormi dans ma voiture. J'avais sept cents francs en poche. Le lendemain, je suis allé louer une chambre garnie à douze cents francs par mois, j'ai donné un acompte et j'ai fait ma journée de consultation. J'ai emprunté de l'argent qu'on avait mis sur le bureau pour aider les autres, les sept cents francs qui manquaient pour avoir les douze cents francs qu'on me demandait pour l'acompte du loyer. Et j'ai recommencé ma vie, sans une cuillère, sans rien du tout. C'est là que Bernadette m'a connu.

Depuis le début de mon premier mariage, je savais que Bernadette viendrait.

Au moment où Bernadette est arrivée, je vivais seul, dans l'isolement le plus total. Dans l'isolement, non dans la solitude. La solitude, on la choisit. On éprouve parfois le besoin d'être seul, de n'avoir de contact avec personne, on peut être ou se sentir seul dans la foule. On a envie de réfléchir, de penser, de méditer, de se détendre. C'est ça, la solitude. Moi, je n'avais rien choisi.

L'isolement, c'est se retrouver sans personne à qui parler, personne qui vous regarde, qui vous parle.

Mon isolement provenait de mon choix d'aimer et d'aider les autres.

Tout sacrifier aux autres et s'oublier complètement. Ne plus avoir de vie à soi. Plus de vie privée. Pas de festin, de fête. Pas même un verre de vin.

J'aime bien, de temps à autre, un verre de vin à table, à condition que ce soit du bon vin. Mais comme j'ai vécu seul pendant onze ans, qu'à toute heure du jour et de la nuit, on pouvait sonner à ma porte, je devais prendre garde à tout.

Qu'aurait pensé celui qui entrait chez moi s'il m'avait vu avec un verre de vin?

« Oui, le Théwissen, quand il est seul, il picole chez lui... »

Je ne pouvais pas me le permettre. J'étais totalement à la disposition des autres, j'étais aussi à la merci de leur regard sur moi. Plus de vie privée. Plus de vie. On frappait sur le volet à 2 heures du matin.

« Monsieur Théwissen, levez-vous, j'ai besoin de vous. »

J'étais là.

Isolement, ça veut dire pas d'amour, pas de tendresse, pas de caresses.

Ma première femme est morte en 1976. Nous étions séparés depuis deux ans. Je m'étais marié à vingt-trois ans. Et je me suis remarié à cinquante-six ans avec Bernadette. Et depuis cet âge, je vis une vie d'homme particulièrement heureux. Depuis six ans. Ce qui n'était pas le cas, je n'avais rien connu de cela auparavant.

Souffrir d'abord pour aider les autres ensuite

Qui connaît les autres est instruit
Qui se connaît est un sage.

J'ai changé insensiblement grâce à l'initiation des Maîtres.

Ma vision des choses a changé, pas le monde. La souffrance m'a été utile. Si tout avait coulé de source, si tout avait été beau et rose pour moi, j'ai l'impression que j'aurais ensuite écouté d'une oreille distraite le récit du malheur des autres. Oui, oui, bien sûr, me serais-je dit, celui qui est en face de moi, il grossit ce qu'il me raconte. La vie, aurait pensé mon interlocuteur, a été parfaite pour lui, il n'a jamais rien manqué à René Théwissen. Pourtant, si je l'écoute avec attention, c'est parce que je sais ce qu'est la souffrance. Et je l'écoute même si je sais qu'une part de ses problèmes, il les a sans doute créés lui-même.

Moi, quand quelqu'un me parle de ses peines, je l'écoute attentivement parce que je veux lui donner ce que je n'ai pas eu : de l'aide.

Les gens pensent avoir eu une raison pour faire ce qu'ils ont fait. Ce n'est pas toujours vrai. La méchanceté gratuite existe mais elle est plutôt rare. Elle vient d'un manque. Dans la majorité des cas, les gens ne sont pas méchants. Ils le deviennent parce qu'ils sont trop mal dans leur peau.

Parce que rien ne leur réussit.

Parce qu'ils voient chez les autres ce qu'ils n'ont pas chez eux et alors, dans ce cas, on crie à l'injustice de Dieu et des hommes. Pourtant, quand ça ne va pas pour vous, ce n'est pas parce que les autres créent votre problème.

Nous avons choisi la vie que nous vivons et la plupart des épreuves que nous subissons. Mais nous ne le savons pas. C'est humain. Les forces du mal existent. Il y a donc forcément des gens méchants. Mais ils ne sont pas légion.

A vingt-trois ans, je savais ce que j'avais à faire, malgré les souffrances endurées avec ma première femme. Il y avait entre nous ce gamin. Il fallait rester avec lui, au moins jusqu'à ce qu'il se marie. Et ce que j'endurerais me servirait, ensuite, pour mieux aider les autres.

Vers l'âge de vingt ans, j'ai commencé, doucement, sans rien brusquer. Je soignais les élèves qui venaient aux arts martiaux. Ils ont ensuite amené des parents, des amis qui avaient des problèmes et à qui ils avaient raconté que j'avais réglé les leurs.

Mon initiation n'était pas achevée mais je possédais des bases pour donner des soins physiques. Quand l'initiation a été achevée, je pouvais aller plus loin, mais avec prudence car on n'a pas le droit de se tromper, on n'a pas le droit de décevoir les gens. On marche sur des œufs pendant des années. L'assurance vient de la pratique.

On n'encaisse pas cinq années d'initiation comme ça. On devient conscient peu à peu seulement des énormes responsabilités qui deviennent les vôtres.

L'initiation conduit avant tout à un état d'éveil. A savoir des choses que les autres ne savent pas.

Quand vous êtes en état d'éveil, vous êtes sur le

chemin qui mène à la lumière. Alors vous pouvez aider les autres.

Quelqu'un vient me voir : il n'est plus à même de se sortir seul de ses problèmes. Huit fois sur dix, il va prendre comme parole d'Évangile tout ce que je vais lui dire. Il est terriblement attentif à mes propos. Il croit tout. Il faut l'écouter, le conseiller précautionneusement. On ne peut pas le décevoir, pas non plus lui mentir. Et on ne peut pas toujours lui dire toute la vérité, ce qu'on voit.

Il faut expliquer ce qu'il veut savoir. *Sans jamais dépasser la limite qu'il peut supporter.*

Sur les tatamis, des interventions, j'en faisais chaque jour, il y en a eu des centaines. Avec le recul, je vois maintenant que ce n'était pas grand-chose. Arrêter un saignement de nez, remettre une épaule déboîtée, éliminer une luxation, remettre sur pied quelqu'un tombé en syncope. A l'époque, cela me semblait satisfaisant, aujourd'hui, ce sont des broutilles pour moi.

Ma première intervention concerne une femme qui souffrait d'un cancer buccal. L'exposition aux rayons au cobalt lui avait fait perdre les dents. La plaie des gencives ne se cicatrisait pas. Cette femme souffrait vingt-quatre heures sur vingt-quatre. Elle ne pouvait plus ni boire ni manger. Le spécialiste avait dit à son mari :

« Votre femme est dans un état critique, elle n'en a plus que pour trois semaines. »

Il est venu me voir complètement désespéré et m'a demandé si je pouvais faire quelque chose.

« Pouvez-vous, au moins, venir la voir chez nous ?

– J'ai trop à faire, lui ai-je répondu, je ne peux pas faire des visites à domicile. Je n'en ai pas le temps. »

Pourtant, je ne sais pas trop pour quelle raison... je suis allé visiter cette femme. Et j'ai dit à cette femme malade :

« Je vais vous guérir. Mais il me faut dix-sept séances.

– La guérir? m'a dit le mari.

– Oui. »

Pour l'aider, je lui faisais du magnétisme, et j'essayais de rétablir les énergies.

Le troisième jour, elle absorbait des laitages et du potage.

Je n'y suis pas allé dix-sept fois mais quatorze.

A l'heure qu'il est, cette femme vit toujours à Wandre. Elle doit avoir soixante-dix-sept ans. Ça fait huit ou neuf ans que son mari est mort, mais elle est toujours là.

C'est le premier cas important que j'ai traité. Mais tous les cas, pour les gens, sont importants et s'ils le sont pour eux, ils doivent l'être pour moi. Quelle qu'en soit la gravité réelle pour moi.

Cette première intervention, je m'en souviens bien, une réussite comme ça on ne peut l'oublier. Elle laisse des souvenirs.

Moi, je n'en ai jamais parlé. Les médecins entre eux, oui, mais à cette époque, ils n'ont pas voulu me rencontrer.

Le médecin de famille, celui qui en avait fait le moins puisque cette femme avait été traitée principalement par les spécialistes, est même celui qui m'en a voulu le plus. Il a prétendu que c'était lui qui l'avait guérie avec ses comprimés. C'est humain. Il avait un argument de poids : il avait fait huit ans d'université. Moi pas, tout était dit.

Les cancérologues de l'époque ne se sont pas manifestés non plus. Aujourd'hui, oui, je suis en contact régulier avec plusieurs d'entre eux. Parfois même d'importants. Ils m'acceptent mieux, dialoguent parfois avec moi. Certains m'appellent. Tout a bien changé. Il y a un temps pour tout. Avant l'heure, c'est pas l'heure.

Je parle ici de guérison, d'arrêt de la maladie et d'amélioration. Parce que je ne peux pas guérir tous les cancers. C'est impossible. D'abord, nous ne sommes pas immortels. Quand l'heure est là de repartir, on n'a pas le droit de retenir les gens. Son heure, à cette femme, n'était pas là, c'était un accident de l'outil. Un accident de parcours. Si je n'avais pas été là, elle serait morte, c'est bien pour ça que je suis intervenu. Il en est beaucoup, dans le monde, qui repartent ainsi et qui ne le devraient pas. Je ne peux pas être partout en même temps. Nous ne sommes que cent cinquante sur la planète et c'est comme ça.

Les gens sont venus de plus en plus nombreux à moi et de plus en plus loin. J'ai travaillé douze ans, six jours par semaine, avec de soixante-dix à quatre-vingts personnes par jour.

Matériellement, je survivais chichement, mais j'avais de quoi manger et payer mon logement.

J'exerçais les arts martiaux et comme invalide de temps de paix – j'avais été intoxiqué par un travail à la Fabrique nationale et je suis cardiaque –, je touchais une petite retraite, l'équivalent d'environ deux mille cinq cents francs français par mois. Mes élèves d'arts martiaux payaient deux cents francs pour huit, neuf cours mensuels. Grâce à leur nombre, je vivais décemment. Ils ont été jusqu'à trois cents! A Heure-le-Romain, j'avais cent vingt élèves, à Herstal, quatre-vingts et à Seraing, une bonne centaine. Ainsi allait ma vie.

La plus grande pauvreté

Un homme réalisera sa richesse en mesurant ce dont il peut se passer.

Mon premier mariage n'avait pas bien fonctionné. Ma femme buvait son casier de bière chaque jour. Plus une bouteille d'alcool. Je rapportais de l'argent à la maison autant que je le pouvais. Trois jours après, il n'en restait rien. Souvent, il ne restait plus un franc vaillant dans le ménage ni de quoi acheter quelque chose pour nous nourrir, le gosse et nous. Il ne restait rien. J'ai tout fait pour en sortir.

Il m'est arrivé de rester avec quinze francs belges en poche, soit deux francs cinquante en francs français. Autant dire, rien. Nous nous étions mariés en 1952. Que voulez-vous faire à cette époque d'une pareille somme pour un ménage?

Ce jour-là, une fois de plus sans le sou, j'avais vu qu'à Herstal on louait des charrettes à bras : quinze francs par jour. Ce que je possédais. Je suis donc parti avec la charrette dans les décharges publiques de la ville, trier les chiffons. J'en ai rempli la charrette et j'ai essayé de les vendre à un chiffonnier. Il n'en voulait pas.

« Vous comprenez, m'a-t-il expliqué, ceux que vous m'apportez sont sales, mouillés, pas triés, ils ne valent pas ce qu'on les paie habituellement.

– D'accord, ai-je répondu, pesez-les tels quels et

réduisez d'autant que vous le jugerez nécessaire la somme que vous m'auriez payée s'ils avaient été en meilleur état. »

Le bonhomme a accepté, il les a pesés et il m'a payé sept cent cinquante francs. Du coup, je suis reparti avec la charrette vers la décharge, et j'ai recommencé. Le soir, j'avais mille six cents francs en poche. Nous avons été acheter des pommes de terre, des légumes et du lard et le soir, nous avons enfin pu manger. Mais l'argent qui restait, ma femme l'a bu. Une fois de plus. Et le lendemain, j'ai dû recommencer.

C'est la période où je sortais de maladie : j'étais resté quatorze semaines complètement paralysé à l'hôpital. Ce que je touchais de la Sécurité sociale ne suffisait pas à payer le loyer. Un matin, je me suis réveillé sans rien, pas un sou. J'ai pris un sac en plastique et je suis parti à la campagne voler des pommes de terre, trois, quatre kilos... A midi, on a pu manger des frites. Avec de la moutarde.

C'est ce que j'appelle la misère.

Dans ces moments, vous n'avez pas d'amis.

Ça ne pouvait pas durer ainsi, j'ai décidé de chercher du travail ailleurs. Je suis parti à pied à Liège. De chez nous au centre de la ville, il y a dix-huit bons kilomètres. Ça m'a pris trois bonnes heures. Et ensuite, j'ai frappé à toutes les portes possibles, j'ai marché, marché, sans manger. A l'heure de la fermeture des entreprises, le soir, je n'en pouvais plus. Et toujours rien. Ne sachant plus que faire, je suis allé à l'évêché et j'ai dit :

« Il faut m'aider. »

Puis j'ai tout raconté, mes démarches sans résultat. Je n'avais même pas de quoi payer le bus pour m'en retourner. On m'a répondu :

« On va vous aider : on va prier pour vous. »

Et ils ne m'ont pas donné d'argent. J'avais eu

affaire avec le vicaire-général Boxus. Après tant d'années, je me souviens encore de son nom.

Quelques années plus tard, on me demande de participer à une soirée au profit d'une œuvre charitable. J'avais fait du théâtre autrefois. Il s'agissait d'animer une vente à l'américaine. Un objet est mis en vente, les acheteurs éventuels mettent de l'argent dans un chapeau et, à la sonnerie d'un réveil, c'est celui qui a mis le dernier la somme convenue qui emporte l'objet. Le vicaire-général Boxus était l'invité d'honneur de cette soirée. On me l'a présenté. Il m'a tendu la main. A son étonnement, je l'ai refusée et, pour lui expliquer les motifs de mon attitude, sur la scène, devant les deux cents personnes rassemblées là, je lui ai rappelé ce qui s'était passé quelques années auparavant. Que faute de l'argent nécessaire pour prendre le bus, j'avais reparcouru à pied les dix-huit kilomètres me séparant de chez moi, la faim au ventre, désespéré de rentrer sans emploi.

Je me suis nourri aussi de corbeaux, pendant des semaines.

Les corbeaux aiment les pommes. Je partais ramasser celles qui étaient tombées, je les épluchais soigneusement, j'ôtais la partie saine du pourri. Les corbeaux venaient ensuite picorer les pommes sous les arbres. Je les tuais grâce à une petite carabine à air comprimé qu'on m'avait donnée.

La chair de corbeau est tout à fait comestible. Il faut le vider comme habituellement les volailles et surtout, très important, le faire mijoter à feu doux pendant des heures. C'est délicieux. QUAND ON A FAIM.

J'ai aussi passé des heures, sur la décharge publique, à récupérer des étiquettes de paquets de café « Le chat noir ». Cette marque remboursait vingt-cinq centimes par bon récupéré sur les étiquettes des paquets. Pour avoir cent francs, de quoi vivre une journée, il fallait en découper des paquets! Matin et soir. J'ai dû me fâcher à l'usine, parce qu'ils ne voulaient pas me payer (me rembourser!). Or la date de remboursement n'était pas périmée.

« Vous n'avez pas acheté de café, nous n'avons pas à vous rembourser.

– Oui, mais les bons sont valables. Si vous ne me payez pas, j'irai me plaindre à la police, à la presse. »

Ils m'ont payé.

J'ai aussi parcouru les abattoirs de la province, pour y chercher les pancréas de porcs, de bœufs, les hypophyses de cochons. Je les vendais aux laboratoires qui les utilisaient pour fabriquer leurs mixtures.

J'ai fait aussi le « poïti » – le marchand de volailles, en wallon. Dans le temps, le poïti, avec cheval et charrette, partait pour sa tournée dans les rues des villages où il lançait son appel : « Marchand de volailles, poïti, marchand de volailles! » Vous aviez un lapin à vendre, il vous l'achetait. Vous vouliez acheter six coquelets pour les élever vous-même, il vous les vendait. Vous vouliez lui vendre des pigeons, il vous les achetait. Trois maisons plus loin : « Vous n'avez pas un bon pigeon pour manger ce soir? – Si, j'en ai. » Il le revendait cinq maisons plus loin. Il achetait ici, il revendait plus loin, de porte à porte. Chaque fois avec un petit bénéfice.

J'ai fait ce métier. Pas avec un cheval et une charrette. Avec un vélo à deux porte-bagages, une grande caisse devant, une autre derrière. J'achetais, je revendais des poussins, des lapins, de village en village. Et le soir, je donnais mes consultations, j'aidais les autres. Je les soignais. Mais pas chez moi. J'avais reçu des gens chez moi pendant un certain temps.

« Combien je vous dois?

– Rien. Vous ne me devez rien. »

Malgré ce que je leur avais dit, les gens laissaient de l'argent sur la table avant de partir.

« Je le donnerai à ceux qui en ont besoin. »

Mais le temps de raccompagner la personne à la porte, l'argent avait disparu, ma femme l'avait pris pour aller boire. Les soins se faisaient donc à domicile, pendant ma tournée. Et le soir, aux arts martiaux.

Tous les mois d'octobre se tenait une foire importante à Liège. Cette année-là, une fois de plus, nous étions sans argent et mon fils était en bas âge. J'aurais bien voulu le mener voir la foire. Mais sans argent... Nous sommes tout de même partis tous les deux. Une fois à la foire, nous passons devant le stand des lutteurs. Le bonimenteur annonce :

« Qui veut lutter? Qui veut lutter? Celui qui parviendra à mettre les deux épaules de notre champion à terre gagnera trois cents francs! Ou, mieux encore : vous voyez cet ours, dans la cage. Celui qui luttera avec l'ours et restera cinq minutes debout dans la cage avec lui gagnera cinq cents francs!

– D'accord! »

Et j'ai choisi de lutter avec l'ours.

Il pesait 250 kilos.

On m'a mis une salopette. Trois hommes retenaient les chaînes de la bête. Face à elle debout, ma tête arrivait à peine à sa poitrine. C'était un ours énorme.

J'ai tenu trois minutes et demie. Pas cinq minutes.

J'avais perdu mon pari. Mais, malgré le résultat, à partir du moment où quelqu'un avait accepté de s'opposer à l'animal, la tente se remplissait. Le patron remplissait sa caisse. Il a dit :

« Il faut être très courageux pour se battre contre l'ours. A la dernière foire de Bruxelles, il a tué un homme. Aussi, nous vous demandons de verser quelque chose, pour saluer le courage de l'amateur. »

Grâce au geste du patron – qui ne lui coûtait rien ! –, j'ai tout de même récolté une forte somme : trois cent dix-neuf francs, une fortune pour moi, que j'ai pu dépenser avec mon fils.

Jour après jour, il fallait inventer quelque chose de nouveau pour trouver de l'argent. J'ai à peu près tout fait. Du moins, tout ce qui est honnête. Et toutes ces misères m'ont formé, elles m'ont appris à ne jamais baisser les bras, à ne jamais désespérer et, surtout, à être à l'écoute des gens. Les entendre. Les aider.

Il y a, quand même, des gens qui m'ont aidé et je serais un ingrat si je ne le disais pas. A Heure-le-Romain, un chauffeur-livreur de boulangerie, Henry Daniels, m'a donné du pain sans jamais se faire payer. C'est quelque chose que je ne peux pas oublier. Il n'était pas le patron. Il n'était que chauffeur-livreur. Pendant toute cette misère que j'ai connue, il m'apportait du pain chaque jour qu'il devait payer de sa poche et jamais il ne s'est fait rembourser.

On ne voit pas ça tous les jours. Il faut le dire.

Le courrier de René Théwissen

Tout n'est rien dans l'indifférence.
Un rien est tout dans l'amitié.

Être à l'écoute des gens, cela veut dire entendre ce qu'ils vous disent quand ils viennent vous voir. Mais ils se manifestent aussi d'autres façons, par l'astral, comme je l'ai dit et, matériellement, par les lettres que je reçois. Mon courrier est énorme. Il l'était autrefois, il est devenu considérable après mon passage sur TF1, dans l'émission de Patrick Sabatier « Tous à la Une » à laquelle m'avait fait inviter Frédéric François. Grâce à lui et à Patrick Sabatier, j'ai eu l'opportunité d'aider des milliers de gens qui, sans eux, n'auraient jamais été en contact avec moi. Je les en remercie. Depuis, j'ai reçu deux millions de lettres et cela continue.

Je ne lis pas les lettres lorsqu'elles sont accompagnées de photos parce que, la plupart du temps, la lettre m'induit en erreur. Je lis beaucoup plus dans la photo seule. J'observe donc les photos que je reçois *mais en me plaçant sur un plan astral* et alors, le problème est plus simple. Les envois sont placés dans des corbeilles par sept mille, huit mille. Je ne prends pas chaque photo l'une après l'autre, ce n'est pas nécessaire. Le million et demi de photos est là, devant moi, et je travaille sur l'ensemble. Sur tous mes malades.

Sur le plan astral, le temps, les distances, le nombre n'existent pas. C'est l'exemple que j'ai donné de la montagne. Pendant des jours, il faut marcher pour voir ce qu'il y a derrière telle ou telle montagne. Du sommet, je vois l'autre face. Si je monte dans l'astral, je vois devant, derrière, sur les côtés, JE VOIS TOUT DE LA MONTAGNE.

Paris-New York, 6 500 kilomètres. C'est une distance, il faut du temps pour la parcourir. Vu de la lune, ça ne représente rien. Dans l'astral, les distances ne représentent rien.

De l'astral, j'ai une vision totale de tout mon courrier. On pourrait presque dire que je n'ai pas besoin d'ouvrir les enveloppes. Mais du point de vue des gens qui se sont donnés la peine de m'écrire, de mettre une photo, ce serait une malhonnêteté. Il est impossible de répondre à chacun individuellement. Répondre à une lettre prend au moins un quart d'heure. Pour un million de lettres, combien faudrait-il? Et le courrier ne cesse pas d'arriver.

Pour leur répondre à tous, on a écrit une lettre type [1]. Mais une fois, deux fois, quatre fois par jour, Bernadette ou moi nous allons voir les bénévoles qui s'occupent du courrier pour retirer du tas les correspondances qui doivent recevoir une réponse personnelle. Bernadette ou moi *savons* celles qui doivent être mises à part.

1. Quelques milliers de lettres sont revenues avec la mention « inconnu », « adresse incomplète », « n'habite plus à l'adresse indiquée ». Certaines personnes m'agressent parce qu'elles n'ont pas reçu de réponse à plusieurs lettres, mais à chaque fois, elles ont omis d'indiquer leur adresse.

Je réponds en fonction de la philosophie que j'ai partagée avec les Maîtres et que j'ai adaptée à mon être, à mon corps et à mon âme. Il n'est pas question d'imposer cette philosophie aux gens. Mais je pense que le moment est venu d'expliquer certaines choses. Je me permets de leur transmettre des conseils qu'ils suivront ou ne suivront pas.

Ils sont libres d'ouvrir ce livre ou de le refermer et de ne plus l'ouvrir. Ceux qui sont à la recherche d'une vérité, qui sont à la recherche d'une spiritualité parce qu'ils éprouvent un mal de vivre, qu'ils ne sont pas bien dans leur peau, parce que ce qu'on leur a dit jusqu'à maintenant ne répond pas à leurs questions, eh bien, je voudrais que ce livre *Aimer et Guérir* leur apporte une vision. Ils vont la comparer avec leur façon de voir, ils vont vérifier s'ils sont dans la bonne voie. Si leur réflexion va dans le bon sens.

Dans ces conseils, j'espère qu'ils vont trouver quelque chose qui va les aider. Je voudrais que ce livre soit une clé. Que cette clé ouvre une porte, et là, qu'ils puissent aller vers la découverte.

Que les gens tournent la clé d'eux-mêmes. Et alors ils découvriront la vérité qui n'est pas dans les sectes ni dans les associations de spirites.

Les sectes sont, pour moi, les forces du mal. Elles induisent les gens en erreur pour leur prendre leurs biens matériels. Leur argent d'abord. Pour les conditionner. Pour en faire des pantins. C'est l'amour du pouvoir qui les guide. Les gourous des sectes sont des gens avides de pouvoir. La plupart se prennent pour Dieu le Père ou Dieu le Fils. L'amour du pouvoir les anime, leur moi s'impose, dans toute sa splendeur, ce qui est une façon de dire parce qu'il n'est pas splendide mais intéressé.

Ma philosophie à moi, c'est le « je », c'est *le pouvoir de l'amour.* Ce qui est tout différent.

Moi, je ne permets pas que les gens s'accrochent à moi au point d'en perdre leur personnalité ou de devenir dépendants de moi. Je sais mettre le holà à temps. A ceux qui le risquent, je leur dis :

« Vous avez eu besoin de moi, j'ai fait ce que je devais faire pour vous aider. Cet autre problème-là, vous êtes à même de le régler vous-même. Si vous revenez me voir, de deux choses l'une : ou bien vous devenez dépendant de moi ou bien vous êtes paresseux. Je ne peux pas l'accepter. Je veux bien être tolérant, mais pas complice. Je ne représente pas une secte, ce n'est pas à moi de vous dire comment vous devez vivre. »

Sans doute les gens qui se dirigent vers les sectes y trouvent-ils quelque chose momentanément. Une vérité. Parce qu'on leur parle comme jamais on ne leur avait parlé. On y reçoit, d'abord, un accueil extraordinaire – parce que pour conditionner les gens, il faut « se les mettre à la bonne » comme on dit –, un accueil débordant de gentillesse. Mais de traîtrise, finalement.

Cette gentillesse, les gens croient même que c'est de l'amour qu'on leur témoigne. Vos hôtes sont à votre disposition, vous pouvez leur poser des questions, ils y répondent. Mais toujours, ils répondent dans le sens du conditionnement.

Vous manquez d'affection ? Ils vous en offrent. Ils ne savent que faire pour vous satisfaire. On vous dit, bientôt, que vous avez trouvé le chemin de la lumière.

Dans une secte, on reste six mois, six ans, jamais toute une vie car on finit par voir clair et par réaliser qu'il y manque quelque chose, l'essentiel, le sens de la vie. On était venu pour autre chose. On retombe sur ses pattes.

Et puis, comment voulez-vous, si vous êtes dirigé, conditionné découvrir la vérité qui est en vous? Ce n'est pas possible. Vous êtes vite perdu.

Une secte a toujours des adeptes. Mais ce ne sont jamais les mêmes, ils se renouvellent. Les insatisfaits partent, d'autres, naïfs, arrivent. Pourquoi? Parce que les gens ne savent pas que la Vérité est en eux, qu'il ne faut pas la chercher ailleurs.

Au-delà de la clé qui vous ouvre la porte, moi, je n'ai rien d'autre à fournir. Le reste vous appartient.

Nous avons été créés à l'image de Dieu. La Vérité est en nous. La Vérité, c'est Dieu.

C'est l'infinie bonté divine...

C'est le bien, dans toute sa splendeur.

C'est le bien et rien que le bien.

C'est là où le mal n'existe plus.

Dieu est infiniment bon et juste.

Et parfait, PARFAIT. C'est ça la Vérité. Et elle est en nous. Et elle se cultive. Elle ne vient pas toute seule.

La vie ne fait pas de cadeaux. Vous voulez une médaille? Il faut la gagner. Vous voulez trouver la Vérité? Il faut la chercher.

Nous devons faire notre évolution pour atteindre cette Vérité qu'on appelle Dieu. Ce qui ne se fait pas tout seul. C'est à nous de le vouloir. C'est à nous de travailler dans ce sens.

C'est à nous de faire ce qu'il faut pour y parvenir.

La petite flamme qui est en nous, il faut la cultiver.

Il faut la faire grandir pour atteindre cette entité qu'on appelle Dieu.

Personne ne peut le faire à votre place. On peut vous donner un conseil, on peut vous expliquer certaines choses. Après, c'est terminé : c'est votre travail d'accomplir le chemin qui reste à parcourir. C'est vous qui êtes concerné. Personne ne peut le faire à votre place. Si quelqu'un vous propose de le faire à votre place, c'est qu'il veut vous conditionner à son profit! Et ce n'est pas juste.

On veut une médaille, il faut la gagner.

C'est un combat de tous les instants.

Ça ne vient pas seul. Tous les jours il faut faire un pas vers l'amour, la sagesse et la tolérance. Ce ne sont que trois mots mais souvent, ils sont galvaudés :

L'AMOUR, LA SAGESSE ET LA TOLÉRANCE.

Le jour où l'on veut les mettre en pratique, au départ, c'est très difficile.

L'AMOUR : chaque jour, essayer d'aimer davantage les autres. Apprendre à regarder les autres autrement. Les qualités, nous les avons toujours en nous. Ce que nous appelons les défauts, c'est ce que nous n'acceptons pas chez les autres. Un défaut, pour vous, ne le sera peut-être pas pour un autre. Il y a, certes, de vraies imperfections.

Quand on voit quelqu'un pour la première fois, il faut être conscient de deux choses. Les qualités, on les a, on ne les perd jamais. Les imperfections, elles, peuvent toujours être corrigées. Nous devons en tenir compte. Si on tient compte de leurs qualités, les gens vous deviennent tout de suite plus sympathiques. On éprouve l'envie de les aimer. C'est ce que j'appelle faire tous les jours un petit pas vers l'amour.

La sagesse : c'est aussi faire tous les jours un petit pas vers les autres. Leur être utile, leur être agréable. Les aider. S'oublier au maximum *parce que si tous nous sommes l'Océan, seuls nous ne sommes qu'une petite vague.*

Une vague hors de l'Océan n'est rien. *Nous ne sommes importants qu'au travers des autres.* Ce que nous faisons pour les autres, nous le faisons aussi pour nous. Tous ensemble, nous formons l'Océan.

La sagesse, c'est apprendre à s'oublier. Apprendre à penser d'abord aux autres. Ce n'est pas le plus facile. C'est, chaque jour, dans telle ou telle situation pouvoir dire après : tiens, j'ai appris à être plus sage. C'est tellement important pour pouvoir entamer la journée suivante.

La sagesse est une manière de vivre. Elle s'apprend dans la vie quotidienne qu'on passe auprès d'une compagne ou d'un compagnon.

De la sagesse, je parle avec précaution car elle s'apprend toujours dans la vie.

Si on me demande :

« Mais y a-t-il un livre pour l'apprendre ? »

Je réponds :

« Oui, il y a un livre. C'est *Le Livre de la Vérité.* Il est énorme, il est épais. Et pourtant, il n'a que trois pages. Trois pages en bois.

« Ouvrez-le. Voici une photo. Qu'y a-t-il sur cette photo ? vous. Votre visage. Et vous découvrez que ce n'est pas une photo, c'est un miroir, il vous renvoie votre visage.

« Ouvrez la deuxième page. Il y a un deuxième miroir, plus grand que le premier, et vous y voyez toujours votre visage, agrandi.

« Voici la troisième image de votre visage sur la troisième page. Toujours agrandi. »

Tel est *Le Livre de la Vérité...*

Tel est son contenu. Vous. Votre visage.

Car vivre, c'est *naître à chaque instant*, et il vous l'a montré.

Les autres peuvent dire : je suis sur la voie. Moi, je sais que j'ai encore tellement à corriger... Tous les jours, un petit pas.

Bernadette dit de moi :

« Jamais René n'a élevé la voix, il ne s'est jamais plaint. Moi qui vis avec lui, je peux en témoigner. Il s'est cassé le bras. Il a tout remis seul en place et il a refusé de se faire plâtrer. Il souffrait mais comme je lui disais d'utiliser ses dons pour calmer la douleur, il a refusé parce que, a-t-il dit, ces dons sont pour les autres, non pour moi. »

J'ai eu, il y a quelques mois, un flutter au cœur et une décompensation cardiaque. A cinq heures et demie du matin. Le cœur battait à 285, j'avais 8 de tension. Vers six heures et demie, notre médecin traitant vient. Il a estimé que si, dans la demi-heure, la tension ne remontait pas, il m'hospitalisait. Je n'ai rien dit : vingt minutes plus tard, ma tension était à 14.

« Votre tension est remontée à 14, monsieur Théwissen.

– Je sais, docteur. Vous ne pensiez tout de même pas que vous alliez m'embarquer à l'hôpital ? »

Il m'a fait une piqûre. Ça a été mieux. C'est lui, le médecin, qui a été le plus inquiet car tout malade normal n'aurait pas survécu.

Il y avait les consultations à assurer pour nos visiteurs. Bernadette m'a remplacé, faisant du mieux qu'elle pouvait mais mettez-vous à la place des consultants, certains avaient fait mille kilomètres pour rencontrer monsieur Théwissen, pas pour voir madame Théwissen. En fait, je n'ai arrêté qu'une semaine.

J'avais déjà eu une attaque précédemment. Bien

plus violente. Bernadette m'a, ensuite, offert une montre. Pour me remercier d'avoir été un malade aussi facile, qui ne se plaint jamais. Peu encombrant.

Quand les gens ont des problèmes, ils sont désemparés. Quand ils sont désemparés, ils viennent me voir. Que ce soit dimanche ou 1 heure du matin, peu leur importe puisque je suis là pour les aider.

« J'ai besoin d'être aidé, pensent-ils, je vais chez monsieur Théwissen. »

Ils n'oseraient jamais déranger leur médecin de cette façon, cela ne se fait pas. Moi, oui, « il n'a qu'à me recevoir ». C'est humain.

Je ne m'en fâche pas. Ça ne sert à rien. Une remarque, peut-être, au passage suffit.

« Expliquez-moi, qu'y a-t-il ?

– Mon mari est malade depuis trois mois et demi.

– Et vous avez attendu dimanche à 1 heure du matin pour sonner à ma porte ?

– Je viens de penser à vous.

– Vous n'avez pas songé que cela pouvait attendre demain matin ? Vous n'avez pas imaginé que penser à monsieur Théwissen avait déjà aidé votre mari ? Montez dans votre voiture, je vais faire le nécessaire. »

Et je fais mon travail.

Je suis un outil : un outil, ça travaille. J'ai été affûté pour remplir une mission. Je l'accomplis du mieux possible. Et le soir, quand je me mets au lit, je dors bien. Paisiblement.

Et demain – un jour tout nouveau, on n'y a pas encore touché –, on essaiera d'aimer encore plus, on essaiera d'être un peu plus sage et plus tolérant. A chaque jour suffit sa peine.

Quoi que je fasse, je ne pense qu'à ce que je fais. Et je dis aux gens :

« Quand vous faites quelque chose, si vous pensez à ce que vous avez fait avant, si vous pensez à ce que vous devez faire après, si vous pensez à ce que vous auriez dû faire et que vous n'avez pas encore fait, vous allez vous ennuyer comme ce n'est pas possible, vous n'allez pas bien faire ce que vous faites, parce que vous n'y mettez pas toute votre attention. »

Quoi que je fasse, je ne le fais qu'en pensant à ça. Ma tâche finie, je pense à autre chose.

Il faut vivre sa vie pleinement

La vie est un bien perdu pour qui ne l'a pas bien vécue.

Les gens courent, essaient de faire plusieurs choses à la fois. Je leur dis :

« Vous pouvez courir dix fois plus vite. Quand il va être midi pour vous, il va être midi pour moi. Vous n'aurez pas une seconde d'avance. Ce qui n'est pas fait aujourd'hui, demain qui est un jour tout nouveau, on n'y a pas encore touché, vous le ferez. Faites aujourd'hui ce que vous pouvez faire, n'essayez pas de faire ce que vous ne pouvez pas. Il y a des limites infranchissables. »

Je suis comme un enfant, comme un gosse qui joue, qui ne pense qu'au jeu. Il ne voit rien d'autre, il ne pense à rien d'autre, il n'entend rien d'autre. Pris par son jeu, *il s'amuse*. Je vis ainsi. Je m'amuse dans ma baignoire, à soixante-deux ans ! Je peux le dire haut et fort, je n'ai rien à cacher.

Toute vie doit être vécue pleinement, pour être appréciée. Pour être profitable.

Le passé, puisqu'on ne peut pas en changer une virgule, il faut l'oublier bien vite. L'avenir, lui, est tellement important qu'il faut s'y préparer.

Si je veux ressasser mon passé, ma jeunesse, mon adolescence, dès demain, je sombre dans une dépression. Si je ne pense qu'à la vie que j'ai eue, cela vaut-il la peine de continuer de vivre ? Et me voilà parti dans la dépression, et dans six semaines c'est foutu. Je ne fais plus rien. Je suis écroulé dans mon fauteuil, et je me lamente :

« Mon dieu que la vie est amère, que vient-on faire sur terre ? »

Ça ne rime à rien, cela ne peut mener nulle part.

Le passé, c'est le passé. On ne peut y changer une virgule. C'est tout.

Mais mon avenir, oui. Je peux préparer demain, pour qu'il soit beau. Le meilleur possible en ne pensant qu'à ce que je fais. Je ne vais pas me remplir l'esprit de tas de choses. Quand j'aurai fait ces choses, je verrai après ce qu'il y a à faire. Chaque moment de ma vie, je veux le vivre pleinement. Je m'occuperai demain des gens qui en ont besoin, sans oublier ma femme, sans oublier de l'aimer beaucoup. Ça va être une belle journée. Vous allez voir.

Aux gens, je dis : VIVEZ PLUS SIMPLEMENT. Soyez vous-même.

N'essayez pas d'être autre chose que ce que vous êtes.

Soyez heureux d'être vous.

Vous avez été créé comme ça ? Il y avait une bonne raison. Pourquoi vouloir être quelqu'un d'autre ?

Soyez heureux d'être vous-même. Vous vous éveillez le matin, vous ouvrez les yeux, vous respirez, vous pouvez bouger, voici une journée toute nouvelle, on n'y a pas encore touché, tout vous est permis. On a envie de se lever. C'est merveilleux la vie ! Non ? Si. Dès aujourd'hui, prenez un papier, un crayon et inscrivez sur ce papier : « Je m'éveille, je respire, je vois, je peux bouger, aujourd'hui commence un jour nouveau où je vais pouvoir me rendre utile. » Ce papier, mettez-le dans votre chambre, face à votre lit, sur le mur et en vous éveillant, vous le lirez chaque matin.

Si demain vous pensez comme moi, vous allez voir que ça va changer pour vous aussi. Et ça va être tellement beau. Ça vaudra la peine d'être vécu. C'est extraordinaire le progrès qu'on peut accomplir en une vie. L'évolution qu'on peut faire.

Vivre l'instant, c'est déjà ne pas faire le mouton.

C'est déjà ne pas courir derrière le troupeau. C'est déjà ne pas se laisser conditionner. Ne pas se laisser conduire comme un pantin.

C'est garder sa personnalité.

C'est être soi-même.

C'est s'épanouir.

C'est savourer l'air qu'on respire.

C'est voir la plus petite fleur qui se pare des plus belles couleurs pour qu'on la voie. Des plus subtils parfums pour qu'on les sente. Pour qu'on la remarque.

Et on ne la voit même plus. On est prêt à marcher dessus. Elle a pourtant droit au plus grand respect. Elle renferme tout le mystère de la vie au même titre que nous.

Vivre, c'est savoir apprécier cela.

C'est tout vivre non comme un devoir mais comme un plaisir.

C'est vivre en état de zen.

Le zen? Si toute l'eau des océans était transformée en encre, elle ne suffirait pas pour écrire ce qu'il y a à écrire sur le zen.

Moi, le zen, je le résume à très peu; je dis toujours, vous prenez une grande échelle, vous montez, vous montez, vous montez encore, vous voici parvenu au dernier échelon, vous gravissez encore un échelon et là est le zen.

Un pas de plus, me disent les autres, tu tombes.

Je leur réponds: « Vous ne croyez pas en ce que vous croyez. »

Le zen, c'est croire en ce qu'on croit.

Les gens ne croient pas en ce qu'ils croient.

Même en Théwissen.

Les gens viennent me demander une chose. Ils y croient quand ils l'obtiennent.

Le zen, c'est avoir pleine confiance en soi.

C'est se connaître. Connaître ses possibilités. Et savoir qu'on n'a pas de limites.

C'est vivre pleinement chaque instant. Simplement avec une logique indéboulonnable.

La logique ?

Il n'y en a pas trente-six. Il n'y en a qu'une.

Je vais faire cela. Est-ce logique? Je le fais comme ça. Ça n'ira pas. Je devrais donc le faire autrement. C'est donc logique. On réfléchit trois secondes et on ne se trompe pas.

Alors que pour beaucoup, il faut avoir fini avant de commencer. Ils finissent et ça ne va pas. Il faut défaire. Ils ne le veulent pas. Comment faire sans défaire? Eh non, il fallait d'abord commencer par réfléchir correctement.

Le zen est une manière de vivre et de penser.

En haut de l'échelle, si vous devez faire un pas de plus, faites-le. Et ça va toujours aussi bien.

La réflexion précède l'action.

C'est du bon sens.

C'est de la logique.

Il y a quelque chose de plus.

Il faut vivre une vie de logique et de bon sens. Là on progresse dans l'amour, la sagesse et la tolérance. Le zen vous y conduit tout droit.

Est-ce logique de se disputer avec quelqu'un? De lui chercher des misères? Est-ce le bon sens? Non. Expliquez-vous gentiment. Avec un grand sourire. De la discussion jaillit la lumière. Pourquoi agresser quelqu'un ou se disputer avec lui?

Il veut la dispute? Laissez-le. Là est le bon sens. Tout, alors, devient plus facile.

La logique, c'est faire ce qu'on a envie de faire et dire ce qu'on pense.

Je ne conçois pas une journée sans dire plusieurs fois à ma femme que je l'aime. C'est impensable. Je le pense? Je dois le dire. C'est le bon sens.

Sont-ce des détails? Non, ils vous agrémentent une vie. Changent la vie.

A vingt ans, on dit : « Je t'aime. » On ne le pense pas. C'est la beauté physique, un attrait qui vous le suggèrent.

A quarante ans, on le pense, on le dit beaucoup moins parce qu'on n'est pas sûr que ça se dise encore.

A soixante ans, on regrette de ne pas l'avoir dit plus souvent.

Moi, je le dis plusieurs fois par jour. Chaque fois que je le pense, je le dis. Je le pense? Je le dis.

J'ai entendu, un jour, quelqu'un dire :

« L'amour, ça fait passer le temps et le temps, ça fait passer l'amour. »

Ce n'est pas vrai, c'est faux. L'amour n'a jamais fait passer le temps, ni le temps l'amour. Si cela est c'est qu'au départ, l'amour n'était pas construit sur du solide. Quand on aime vraiment, tous les jours la façon d'aimer est différente, nouvelle!

Il faut que les gens sachent, aussi, que le dialogue est très important.

A quarante ans, on devient gêné de dire « je t'aime », à soixante ans, on regrette de ne pas l'avoir dit plus souvent. N'attendons pas l'âge de regretter de ne pas l'avoir dit.

Chez la plupart des gens, le dialogue manque.

Dialoguer, c'est oser parler, oser dire ce qu'on pense, surtout dans les couples.

Je reçois souvent des couples disposés à se séparer : ils ne s'entendent plus. Parce qu'il n'y a pas eu entre eux suffisamment de dialogue. On ne parle pas assez. On ne dit pas assez : « Je t'aime », parce que ça tombe sous le sens. Pas la peine de le dire, on le sait bien. Parce qu'on le sait bien, on pense qu'il ne faut plus le dire. Or ce ne sont que des mots mais qui font plaisir à entendre.

Si un mari fait quelque chose à sa femme qu'elle n'apprécie pas, elle n'osera pas le lui dire par peur de le gêner, par peur de le peiner, de le vexer. Elle le supportera sans rien dire. On supporte, on supporte et un jour, l'amour devient une servitude.

Et un jour, l'amour devient une corvée.

Et un jour, on n'en peut plus. C'est trop. Rideau.

Et cet amour se transforme en haine. Et les gens sont prêts à se quitter. Pourquoi ?

Parce qu'au départ, on n'a pas pris la bonne habitude de tout se dire. Même si l'on sait que ce qu'on va dire va faire de la peine. Car il y a une manière de le dire. Le dire avec des formes. Il faut toujours avoir le courage de dire ce qu'on pense. L'important, c'est la manière.

Et si tout le monde prenait cette habitude de dire les choses, avec la manière, le monde irait mieux.

Le dialogue permet d'arrondir les angles. Si votre interlocuteur ne peut pas changer parce que c'est son tempérament, son caractère qui sont en cause, il va vous expliquer ses difficultés. Et après explication, l'entente deviendra possible. Il en est ainsi de tous les points de vue opposés.

Combien de guerres inutiles ont été faites ainsi – comme la guerre du Golfe ? Arrive toujours le moment où il faut s'asseoir et discuter de la manière d'arrêter le conflit. C'est avec la discussion autour d'une table que les guerres cessent. Ne serait-il pas plus sage de s'asseoir à table avant de les commencer? On en éviterait un grand nombre, des guerres...!

Hélas, on parle de communication sans s'entendre.

On vit dans un siècle de communication et on ne communique pas! On se tape sur la figure et on communique après. N'aurait-il pas mieux valu provoquer la conférence de paix avant de faire la guerre du Golfe? Que de malheurs évités si les gens avaient le courage de parler!

Moi, je vis pleinement ma vie parce que lorsque j'ai envie de dire à quelqu'un : « Vous m'êtes sympathique », je le lui dis. Et le contraire aussi. Je ne sais pas me taire. Ce qui fait que je n'ai pas, ensuite, à penser : « J'aurais dû lui dire ceci ou cela... » L'esprit des gens est chargé ainsi de trop nombreux : « J'aurais dû dire ceci, ah, si j'avais dit cela... » Mais dites-le! Et votre esprit sera libéré. Vous l'avez dit? Vous n'y pensez plus. Vous ne le dites pas? Vous y pensez des heures, des semaines, des mois.

Vous le dites et votre interlocuteur élève la voix? Vous tournez les talons et partez. Vous attendrez qu'il soit calmé pour renouer le dialogue. Pendant ce temps, il va réfléchir à ce que vous lui avez dit. Quand il vous reverra, il vous parlera sur un autre ton. Parce qu'il voudra savoir ce que vous aviez à lui dire. Et il vous écoutera. Car il sait que, si de nouveau, il élève la voix, vous ferez de même : « Nous en reparlerons quand vous serez plus calme. »

L'attitude des gens à votre égard n'est jamais rien d'autre que le reflet de votre attitude à leur égard.

Aussi longtemps que vous montrez un grand sourire, il est bien difficile de vous montrer les dents.

Aussi longtemps que vous montrez les dents, il est bien difficile de vous montrer un grand sourire.

Si quelqu'un veut vous agresser, parlez-lui gentiment, avec un bon sourire. Vous allez le déconcerter. Il ne pourra plus vous agresser. Il continue ? Partez.

Un jour, j'ai été agressé dans mon salon de consultation :

« Mon cher ami, me dit un homme, ça fait une heure et demie que j'attends et ce n'est toujours pas mon tour.

– Monsieur, lui ai-je répondu, je ne suis pas votre cher ami. Si j'étais l'ami de tout le monde, je finirais par être l'ami de n'importe qui. »

Fini, terminé, plus un mot dans la salle d'attente. Le monsieur a rentré la tête entre les épaules. Un quart d'heure plus tard, quand je l'ai reçu, il s'est excusé. Et tout s'est très bien passé. Je lui avais répondu gentiment ce que je pensais. Être l'ami de tout le monde ? On finirait par être l'ami de n'importe qui.

Il faut dire ce qu'on pense. Il faut parler, parler beaucoup.

Un dialogue ne se fait jamais à sens unique.

Si vous dites ce que vous pensez, il ne faut pas attendre que l'autre acquiesce. Il a, lui aussi, sa façon de voir, vous devez l'admettre.

Dans un dialogue, il faut prendre le temps d'écouter votre interlocuteur. Ce qu'il a à dire est, peut-être, meilleur que ce que vous dites.

Le dialogue n'est pas un monologue. On écoute l'autre et on fait une synthèse.

La tolérance : à partir du moment où j'accepte que les autres pensent différemment, je deviens tolérant. Mais si ce qu'on me dit n'est pas en relation avec le bien, si mon interlocuteur veut me parler de faire du mal ou du tort à quelqu'un, je vais lui dire qu'à mon avis, ce qu'il dit là n'a plus grand-chose à faire avec moi. Tolérant mais pas complice.

« Je ne veux pas abonder dans votre sens parce que là est le mal. »

J'aurai le courage de le lui dire. Il y réfléchira. Car on a encore une chance de le faire changer.

Lui permettre de s'expliquer lui prouve que je ne veux pas d'emblée lui imposer ma façon de voir : je me donne la peine de l'écouter. Et si c'est moi qui suis dans l'erreur, je réfléchirai et ensuite j'agirai autrement. Parler et, surtout, écouter aura été bénéfique. Écouter importe plus que parler. Des autres, on apprend quelque chose.

Depuis quarante ans que je reçois des gens, j'ai appris et j'apprends d'eux chaque jour. Je m'assagis. J'ai appris à être tolérant, à tolérer beaucoup, à accepter les autres : j'ai appris à accepter les gens tels qu'ils sont, j'apprends toujours à les aimer. Même lorsque c'est difficile.

Quand on parle, on n'apprend rien. Les autres apprennent peut-être. On apprend plus en écoutant qu'en parlant. C'est ce qui importe.

J'ai lu un petit texte dont le nom de l'auteur m'échappe, qui dit ceci :

« Prends le temps de penser,
C'est la source de toute force.
Prends le temps de jouer,
C'est la source de l'éternelle jeunesse.
Prends le temps de prier,
C'est la plus grande qualité du cœur.
Prends le temps d'aimer et d'être aimé,
C'est un don rare.

Prends le temps de l'amitié,
C'est la source du bonheur.
Prends le temps de donner,
C'est trop court un jour pour être égoïste.
Prends le temps de travailler,
C'est le prix du succès. »

Qu'en pensez-vous?

Le magnétisme

On ne peut marcher en regardant les étoiles quand on a une pierre dans sa chaussure.

Il existe des forces qui sont en nous. La plupart des gens ne le savent pas et ceux qui le savent en abusent, par ignorance ou par légèreté. Par exemple, tout le monde a entendu parler du magnétisme et lui attribue des pouvoirs qui sont réels mais dont on ne mesure pas l'ampleur.

Le magnétisme est un courant. C'est une force extraordinaire. L'atmosphère qui nous entoure en est emplie. Bien des gens disent :

« Je suis plein de magnétisme. »

Mais c'est comme s'ils disposaient d'un canon et qu'ils avouaient :

« Je ne sais pas comment il tire. »

Car si le magnétisme est une force extraordinaire, mal employée, elle devient très dangereuse, et pour vous-même et pour les autres.

J'ai reçu en consultation une kinésithérapeute. Quand j'ai terminé le traitement que je devais faire sur elle, par magnétisme, elle m'a dit :

« Dorénavant, les gens qui viendront me consulter, je les soignerai par magnétisme.

– Faites très attention.

– Mais vous m'avez dit vous-même que j'avais du magnétisme.

– Oui, ai-je répondu, tout le monde en a, tout le monde peut s'en servir à condition d'apprendre. »

Elle ne m'a pas écouté. Sur la première patiente qui s'est présentée chez elle, elle a fait des passes de magnétisme avec les mains et elle s'est déchargée sur la patiente. Elle n'a pas contrôlé la sortie du magnétisme. Elle ne l'a pas arrêtée à temps. Elle ne savait pas comment se recharger ensuite. Elle ne connaissait rien de tout ça. Mais elle en faisait.

Elle travaillait dans un établissement où il y avait quatre médecins et trois kinésithérapeutes. Heureusement, l'un des médecins, quelques instants plus tard, est entré dans son cabinet de travail. Elle était à terre avec 7 de tension. Son magnétisme disparaissait. Elle allait périr.

On ne joue pas avec cette force-là.

Ça s'apprend.

Trois éminents médecins, Mesmer, Quoilain et Henri Durville, sont les précurseurs du magnétisme en Occident. Henri Durville est l'auteur d'un *Traité du magnétisme :* c'est une brique épaisse ! Franz Mesmer (1734-1815) était un médecin allemand, il a conçu la théorie du magnétisme animal ou mesmérisme, après avoir fait des expériences avec un baquet d'eau autour duquel se groupaient des malades. C'était en 1770. Il y a eu ensuite d'autres chercheurs, dont Paleyn.

Tous, nous avons en nous des charges magnétiques qui circulent par les méridiens. On en a tous mais plus ou moins. Chez certaines personnes, le magnétisme agit sur la montre qu'ils portent au poignet ! Cela ne veut rien dire, et surtout pas qu'elles ne seront jamais malades comme on le croit parfois.

Une mère peut, en prenant les mains de son enfant dans les siennes ou bien en le serrant contre son cœur, apaiser de petites douleurs. Ou en le prenant sur ses genoux. Je le dis d'autant mieux que jamais ma mère ne m'a pris sur ses genoux!

Dans certains cas, on utilise le magnétisme. Dans d'autres cas, le magnétisme avec le zen que je pratique. Mais attention, de deux choses l'une :

– ou vous êtes initié, et on vous a appris comment vous servir du magnétisme, comment vous servir de l'énergie vitale qui nous entoure;

– ou bien vous êtes occidental, et vous prenez le livre d'Henri Durville – des livres sur le magnétisme, il y en a autant que de poils sur un chien, ce qui ne veut pas dire qu'ils sont bons – car le sien est le seul qui soit bon.

Ces trois médecins du XVIIIe siècle ont été contestés par la médecine de l'époque, ils ont eu des problèmes. Puis les Américains ont inventé une machine immense, qu'on ne parvenait pas à déplacer, qui émettait des ondes magnétiques. Puis les Français ont inventé ensuite une machine transportable, l'UF 200. Et c'est alors seulement que la médecine traditionnelle s'est mise à soigner par les ondes magnétiques. Mais avec l'aide d'une machine, pas avec les mains ou les yeux.

On peut, grâce aux ondes magnétiques, faire énormément de bien. Mais on peut aussi faire d'immenses dégâts, tuer quelqu'un... ou soi-même.

Ceux qui en jouent ne savent pas qu'ils s'amusent avec une arme terrifiante. Ils ne savent pas ce qu'ils font. Ce sont des gens dangereux.

Ne mélangeons pas le magnétisme avec l'imposition des mains pratiquée par les médiums, les guérisseurs, les voyantes, les spirites. Ils posent leurs mains sur les vôtres. Et prétendent guérir. C'est de la grande foutaise, bien sûr. Pour certains patients, ça marche pourtant.

Il ne faut pas oublier que notre corps est bien fait.

Dans cinquante pour cent des cas, l'organisme réagit. Dans cinquante pour cent des cas, il peut se guérir lui-même. C'est l'effet placebo. On croit que c'est le charlatan qui nous a guéris. Mais non, ce n'est pas vrai, il faut appeler un chat un chat : c'est nous-mêmes.

La tactipuncture, l'acupressure, l'acupuncture etc., sont, elles, des sciences bien établies. Il y a trois mille ans, en Chine, on utilisait des épines de bambous et on obtenait des résultats prodigieux.

Voilà dix mille ans que les Chinois mangent avec des baguettes. Voilà à peine cinq cents ans que nous mangeons avec des fourchettes. C'est donc qu'il y a dans certaines civilisations d'autres manières de comprendre, une autre façon de toucher, d'atteindre ces points, ces plaques tournantes, ces aiguillages de la vie et de l'influx nerveux.

Il s'agit de sciences bien établies. Mais elles ont coûté cher à l'humanité. Il ne faut pas oublier que pour étudier tout ça, on a dépecé au moins trois cent mille personnes. Lorsque dans un combat des prisonniers étaient faits, les vainqueurs les dirigeaient vers les médecins qui les dépeçaient *vivants* pour étudier l'anatomie, les réactions du corps humain. Si les Chinois sont tellement en avance, ce n'est pas sans en avoir payé le prix.

L'acupuncture – pas celle qu'on pratique en Occident – calme la douleur et soigne. Pour devenir acupuncteur ici, vous suivez six mois de cours à la Sorbonne et ça y est, vous avez un diplôme. Et vous avez, sur le poignet, un compteur, avec une aiguille en plomb pour chercher les centres vitaux, les points sensibles et les relais nerveux. Je cherche, grâce au compteur, je marque et je plante mon aiguille. Seulement, je la plante 1,5 millimètre à côté et je ne suis plus dans le centre vital. Alors, ça ne sert strictement à rien.

Il s'agit d'une science précise, pas approximative. Mais, nous autres Occidentaux, nous avons cette bonne habitude d'être plus grands, plus forts, plus beaux que tout le monde. Sur ce terrain, nous ne sommes plus seuls, nous sommes maintenant en passe d'être dépassés par les Américains. Jusque-là, nous, nous étions le nombril du monde. Ce n'est pas tout à fait la vérité. La vérité, c'est que l'acupuncture il n'y en a qu'une : la vraie, celle qui est pratiquée en Orient. Par les vrais acupuncteurs. Pas par les Chinois, les Vietnamiens qui viennent en Occident et dont, parce qu'ils ont les yeux en amande, on dit qu'ils soignent bien.

Ce n'est pas si simple. En Orient aussi, il y a de faux acupuncteurs. Et s'il s'agissait de vrais, ils ne viendraient pas ici; ils travailleraient dans leur pays, il y a suffisamment de travail là-bas. Ils viennent ici parce qu'on y est tellement crédule qu'on croirait n'importe quoi.

En Orient, un faux acupuncteur ne tient pas huit jours.

La même chose pour le yoga.

Puisque ça vient de leur pays.

J'ai déjà dit que mon initiation avait duré cinq ans. Elle a duré cinq ans AVEC LES MAÎTRES. Mais, en fait, elle ne cesse pas, elle continue. J'avais atteint l'état d'éveil. Mais il n'y a jamais de fin. C'est comme en mathématiques. Imaginez le plus grand nombre possible... PLUS UN. Il y a toujours plus à apprendre, il y a toujours un de plus.

Amour, sagesse et tolérance : quand vous arrivez au sommet, il y a toujours une autre montagne et là aussi, il y a toujours la possibilité de faire PLUS. Un peu plus.

Bernadette

Un couple qui s'entend peut vaincre n'importe quoi.

Je suis marié avec Bernadette depuis six ans. Je l'ai connue en 1978. A l'époque, avec son ami, elle venait chez moi une fois par semaine. Plutôt que de parler à sa place de nos rencontres et de notre travail ensemble, je préfère la laisser raconter elle-même.

J'ai connu René après le décès de sa femme qui est morte en 1976.

Il habitait une chambre misérable, dans un garni, rue Malgagnée, à Herstal. Il n'y avait qu'une pièce, avec une petite table, deux chaises branlantes en bois blanc, un meuble-lavabo avec une cruche et un bassin, un rideau suspendu à un fil qui fermait une penderie et une banquette en guise de lit.

Quand je suis entrée la première fois chez lui, j'ai été bouleversée jusqu'au plus profond de l'âme. Je le connaissais depuis plusieurs mois et j'avais, à son égard, le plus profond respect. Voir comment il vivait m'a été insupportable. Ce n'était pas la misère mais il semblait attacher si peu d'importance à sa personne que j'en ai été émue.

Tout l'argent dont il disposait était redistribué à ceux qui en avaient besoin, il ne gardait rien.

Il vivait de sa maigre pension.

Lors de cette première visite, j'ai découvert qu'il peignait. Il venait de commencer et il y avait, posée sur le chevalet, sa troisième toile, un paysage peint aux deux tiers. Ce tableau m'a impressionnée au point que je l'ai acheté tel quel. Il ne m'a jamais quitté depuis.

La fois suivante, il habitait ailleurs. On lui avait dit que montrer sa peinture dans le lieu où il habitait dévalorisait ses toiles. Il avait donc loué rue Croix-Jurlet une maison avec deux pièces, l'une en rez-de-chaussée, l'autre en étage, ce qui fait qu'il avait désormais un atelier car la peinture avait pris la place des arts martiaux qu'il avait arrêtés. Il lui fallait, en effet, absolument, une soupape pour apaiser la tension qui résultait des consultations.

Ce qui m'a tout de suite frappée chez lui, c'est l'impression d'isolement qui se dégageait. Il recevait quatre jours par semaine, il dormait quatre heures par nuit, il était fatigué. Et seul.

L'isolement est pire que la solitude.

Parce qu'il lui était difficile d'avoir des contacts avec les autres. C'est un problème. Des amis désintéressés, nous en avons très peu. Les gens ont tendance à être amis avec nous dans le but d'obtenir quelque chose de nous. Il leur est difficile de passer une soirée avec nous sans qu'ils parlent de leurs problèmes. Tous ne le font pas, heureusement. Mais la plupart. Il y a peu de soirées où nous parvenons à nous déconnecter complètement.

Nous nous étions liés avec René parce que, mon ami José et moi, nous n'avions pas la démesure du comportement qu'avaient la plupart des participants aux réunions que René organisait un mercredi par mois. Beaucoup d'entre eux, après plusieurs réunions, se croyaient plus forts que lui. Ils fabulaient. Ils faisaient ou racontaient n'importe quoi. René a dû interrompre ces réunions. Mais nous avons continué de le voir, nous sommes devenus amis.

Dès nos premières rencontres, j'avais, en même temps, été frappée par son honnêteté, son intégrité. Sa manière d'être qui mettait en confiance et qui amenait à penser : celui-là ne te racontera pas d'histoires. Dès l'instant où je l'ai connu, j'ai dit à mon ami :

« Écoute bien, moi c'est terminé d'aller voir à droite et à gauche pour essayer d'apprendre quelque chose. La Vérité, c'est par cet homme-là que nous l'aurons. Il va nous la donner au compte-gouttes comme il se doit. Mais j'ai confiance en lui. »

Il vivait pauvrement. Une chemise, c'était une chemise, un pantalon, c'était un pantalon, qu'importe lesquels, mais malgré ce laisser-aller, il en imposait, il avait de la présence, de la prestance. Et en même temps, il mettait à l'aise parce qu'il se plaçait au niveau de la personne qu'il avait en face de lui. Il parlait son langage.

Je l'ai vérifié par la suite. Quelle que soit la personne, il se met à son niveau. Elle est simple ? il lui parle simplement, en wallon, il va reprendre ses expressions. Une personne bien mise, « l'air tiré en haut », comme on dit ici ? il va lui montrer qu'elle ne l'impressionne pas.

Il avait – il a – une attitude de recul. Il prenait de la distance. Aux petites réunions d'une vingtaine de personnes qu'il organisait le mercredi soir, il saluait tout le monde puis il s'asseyait derrière son bureau dans une attitude d'attention sur sa chaise et il attendait. Quand quelqu'un posait une question, il se rapprochait et il parlait le langage que la personne comprenait.

Je l'ai entendu répondre dans une multitude de langages. Ceux des différentes personnes. Pour se faire entendre et comprendre d'elles.

A une époque, j'étais très fatiguée. Je vis constamment avec une tension de 9,5-10. En dessous de 9, je suis mal dans ma peau. Un jour où ça m'était arrivé, mon ami m'a menée chez René. Il m'a dit :

« Je vais te remettre sur pied, recharger tes batteries, mets-toi sur la table. »

J'ai essayé alors, je ne sais pourquoi, de combattre ce qui émanait de lui et il m'a prévenue :

« Tu peux essayer de résister tant que tu veux, c'est moi le plus fort. »

Et il m'a, en effet, très fort rechargée en magnétisme. J'avais l'impression que j'allais m'endormir puis ensuite, ce fut le contraire, je me sentais d'attaque pour une journée pleine. On peut aussi ressentir d'abord du froid puis ensuite du chaud, ce sont des réactions qui dépendent de l'état de manque dans lequel on se trouve.

J'avais déjà consulté René auparavant. L'ami avec lequel je vivais voulait un enfant de moi, je n'en voulais pas estimant que nous étions trop âgés et que notre différence d'âge serait un handicap pour l'enfant et pour nous. René m'avait approuvée :

« Tu as une mission beaucoup plus importante sur terre, tu le sauras au moment voulu mais avoir un enfant ne te permettrait pas de la réaliser. »

C'était la deuxième fois que j'entendais cette phrase.

Je suis rentrée et j'ai répété à mon ami la réponse de René. Et j'ai ajouté :

« Je n'aurai pas d'enfant avec toi. »

Heureusement puisque mon ami est mort trois années plus tard.

René vivait durement, il était envahi par les visiteurs qui ne respectaient aucune discipline. Étant donné que René vivait seul, ils estimaient qu'ils pouvaient venir frapper à sa porte à toute heure du jour et de la nuit. Une fois, à 2 heures du matin, quelqu'un est venu, soi-disant pour une urgence. René s'est levé, l'a reçu puis lui a demandé :

« Pourquoi venez-vous me réveiller?

– Parce que je ne sais pas dormir. »

René lui a répondu :

« Parce que vous ne savez pas dormir, vous devez réveiller tout le monde? »

La personne avec laquelle je vivais est décédée. J'ai vu René plus souvent car il m'avait demandé d'assurer son secrétariat. De plus, j'organisais toutes ses expositions de peinture, je m'occupais de l'association Les Amis du peintre René Théwissen.

En le voyant mener cette vie difficile, je me disais que jamais il ne pourrait mener une vie de couple. Comment en trouverait-il jamais le temps? Le jour où nous avons décidé de nous marier, il m'a dit :

« Je vais déménager, nous allons nous installer à la campagne où nous serons plus tranquilles, ne te tracasse pas, la vie que j'ai menée jusque-là ne continuera pas. »

Nous nous sommes donc installés à la campagne, dans un coin retiré où nous pensions qu'il serait difficile de nous trouver. C'était à Houtain-Saint-Siméon, proche d'Heure-le-Romain où il avait habité pendant quarante ans. Après son veuvage, il habitait Herstal, la maison à côté de son cabinet de consultation.

Ma vie, ici, a totalement changé : j'ai cessé mon travail après le mariage parce que je me devais à mon mari.

J'étais consciente que René n'avait pas eu une vie normale jusqu'à cinquante-six ans, qu'il avait énormément souffert, qu'il avait connu une première vie de couple, certes, mais sans bonheur.

Le plus important, pour moi, était donc de le rendre heureux à tout point de vue. Il se trouve que la société où je travaillais est tombée en faillite. Ce n'aurait pas été le cas, je serais tout de même partie pour me consacrer à mon mari et à son travail.

Il continuait de travailler à Herstal dans son cabinet de consultation où il recevait trois jours par semaine et où il avait une assistante. Moi, je m'occupais de son domicile privé, où venaient les gens auxquels il devait consacrer plus de temps.

Tous ces changements se sont faits naturellement. C'est d'ailleurs la tactique de René. Il dit toujours : « Avant l'heure, c'est pas l'heure, après l'heure, c'est plus l'heure. Chaque chose en son temps. Il ne faut pas se tracasser. »

Après onze années de célibat pour lui, et trois années pour moi, une vie de couple aurait pu être compliquée, seul, on prend des habitudes. Mais il n'y a pas eu de heurts.

Je n'ai pas fait d'études, j'ai juste fait mes humanités puis du secrétariat. Tout ce que j'ai appris, c'est en observant. Je me suis mariée à quarante ans et je peux dire que de vingt à quarante, j'ai bien observé les couples. En entendant et en voyant les disputes, je me disais, comment peut-on en venir à de telles violences pour des sottises? Et je me promettais, si un jour je me mariais, de ne jamais les imiter. De ne retenir que l'essentiel, pas les détails.

Quand nous sommes arrivés ici, j'ai laissé René disposer ses objets personnels là où il le voulait et c'est après seulement que je me suis installée autour. Là où il avait laissé de la place. Après huit jours, il m'a posé cette question :

« Est-ce que tu t'habitueras jamais à Houtain ? »

Il s'inquiétait de savoir si je m'habituais à notre vie de couple. Je lui ai répondu oui, je suis déjà habituée.

« Eh bien, il va falloir trouver quelqu'un pour ton appartement. »

Il faut dire qu'en Belgique, si vous ne donnez pas un préavis de trois mois avant la fin d'un bail, celui-ci est reconduit automatiquement. Quand nous nous sommes installés à Houtain, le bail de mon ancien appartement de célibataire arrivait à échéance et dans un tel cas de non-dénonciation, pour que vous puissiez partir, vous êtes tenu de trouver un locataire remplaçant. René avait gardé mon ancien appartement... pour le cas où nous ne nous entendrions pas !

Au début de 1989, René est tombé gravement malade.

On peut se demander : comment est-il possible qu'un « guérisseur » tombe malade ? Son assistante prenait trop de rendez-vous et elle n'était présente que quelques heures les après-midi, ce qui fait que sans discontinuer René recevait des dizaines de personnes chaque jour.

La pagaille était telle qu'il avait dû instituer un système de tickets d'ordre. Comme chez le boucher. Le nouvel arrivant prenait son ticket et il attendait son tour. Ce qui a tout compliqué car René avait pris l'habitude de doser les visites. Après un cas difficile, il entrait dans la salle d'attente et il choisissait un cas plus facile, pour respirer entre-temps. Avec les tickets, il ne pouvait plus le faire. Il fallait suivre l'ordre indiqué.

A cinq heures et demie, on fermait la porte d'entrée et il terminait de recevoir les gens déjà présents dans la salle d'attente. Or, presque journellement, il arrivait qu'à cette heure-là, il reste encore vingt à trente personnes. Ce qui fait qu'il arrivait ici, chez nous, à 10 heures le soir, épuisé, incapable même d'aligner quelques pas.

René trop épuisé est tombé malade. En même temps se sont déclarés un flutter au cœur, une hépatite, une mononucléose et du diabète. Tout son système nerveux était déficient, déclenchant des réactions psychosomatiques.

Il a fallu tout arrêter. Et repos pendant neuf mois. Le courrier arrivait toujours, René continuait de s'occuper des cas à distance mais il ne pouvait plus recevoir qui que ce soit.

Il s'est soigné seul, pour l'essentiel, mais avec un médecin traitant, car il avait besoin de contrôles : électrocardiogrammes, analyses de sang, etc. Avec son médecin habituel, il parlait d'égal à égal. Il lui disait :

« Je ne peux pas tout arranger d'un coup. Je vais d'abord m'occuper de la mononucléose, après ce sera l'hépatite et ensuite, le diabète. »

La mononucléose a été vite enrayée par le repos. Après, ça a été l'hépatite. Le diabète est revenu à la normale. Mais il doit continuer de suivre un régime strict.

Pendant tout ce temps, jamais René ne s'est plaint.

Je n'ai pas la vie d'une épouse normale. Depuis six ans que nous sommes mariés, sur un plan médical, mon mari a fait quatre décompensations cardiaques. René est cardiaque de longue date. Il se soigne. Mais son problème principal est que, quel que soit son état physique, il passera toujours après les autres. A certains moments, il s'oublie totalement. C'est-à-dire que les dons dont il dispose, il les emploie d'abord pour les autres et pour lui, seulement quand il a le temps. Il part toujours du principe que ces dons, il ne doit les utiliser pour lui-même qu'en toute dernière extrémité. Il dit :

« Je ne veux pas en abuser. »

En tant qu'épouse, quand il a fait sa première décompensation cardiaque, j'ai paniqué. Nous n'étions mariés que depuis deux mois. Pour la première fois de ma vie, je me trouvais devant quelqu'un atteint par un malaise de ce type. Lui, il m'a dit :

« Ne te tracasse pas, je ne me suis pas marié pour aller de l'autre côté très vite. J'ai bien le temps, crois-moi. »

J'ai enregistré ça dans ma tête. Mais tout de même, quand j'ai vu mon mari les fois suivantes dans cet état, j'ai eu beaucoup de chagrin. Mais sans m'inquiéter outre mesure à propos de la date de sa mort. Je sais – je le savais dès mon mariage – qu'il partira le premier. Je sais aussi que je devrai continuer son travail quand il sera parti de l'autre côté. Et je n'y pense pas.

Le dernier problème cardiaque qu'il a eu début septembre 1991 m'a impressionné parce que pendant sa crise, j'ai vu René changer physiquement et prendre l'apparence qu'il aura le jour de sa mort. J'ai pensé : ce n'est pas pour maintenant. Et quand il a été mieux, je lui ai dit :

« Tiens, à la tête que tu avais, j'ai situé ta mort à cette date-là. Et il a souri. »

René qui sait tout et qui sait ce qui va se passer, qui place ses pions en fonction du travail qu'il a à réaliser ne dit jamais rien. A moi non plus, il ne dit pas l'avenir. Son avenir. Mais il le connaît.

Au début de notre mariage, je lui avais posé une question de ce genre et il a répondu :

« Ce n'est pas important, chaque chose vient en son temps, il faut vivre l'instant présent. »

Je vis donc l'instant présent, et, d'une certaine manière, c'est un cadeau qu'il nous fait. J'éprouve beaucoup de plaisir à voir comment les événements se déroulent.

René est un homme sage. Pour lui, la vie doit se dérouler comme elle se déroule. Le matin, quand il se réveille, il dit : je vis, je vois, je respire, je suis en bonne santé, je suis une personne heureuse. Et il démarre la journée en chantant. Il se met à table pour le petit déjeuner en prenant ses aises.

Il a des journées extrêmement chargées, il travaille énormément, jamais il ne se plaint. Jamais il ne se dit fatigué et il a toujours l'air de s'amuser. Pour lui, dit-il, tout travail doit être pris comme un jeu d'enfant. Quand vous faites quelque chose, ne pensez à rien d'autre.

La ménagère est en train de repasser. En repassant, elle pense à ce qu'elle doit faire ensuite, le dîner, les courses. Et ainsi de suite.

Non : en repassant, il faut ne penser qu'au repassage. Quand il est terminé, il faut passer au plus urgent. Une tâche après l'autre et la faire avec amour, avec plaisir. Et le soir, vous êtes moins fatiguée. Plus heureuse. Contente du plaisir de l'avoir fait. Et prête à passer une bonne soirée avec votre mari et une bonne nuit parce que vous n'êtes pas stressée.

Stress est un mot que René déteste.

Je fais ce que je dois faire aujourd'hui. Ce que je ne peux faire aujourd'hui, je le ferai demain. Et je ne suis pas stressée.

René se lève vers sept heures et demie, huit heures. Il prend calmement son petit déjeuner, en prenant son temps. Il lit ensuite son journal tout en travaillant à distance.

Il y a ici quatre standardistes. Deux viennent de 8 à 13 heures et deux de 13 à 18 heures. L'une travaille en haut, l'autre au rez-de-chaussée.

René ne passe pas son temps dans l'escalier à observer ce qu'elles font : elles ont des consignes précises. Mais de son bureau, il veille sur elles. Comme il a la faculté d'être ici et autre part en même temps, tout en étant physiquement avec son journal, il est – sur le plan astral – en train de surveiller son monde. Parfois, il monte et c'est juste au moment précis où la standardiste va faire une bêtise, donner un conseil. Il presse sur le bouton pour ne pas que l'interlocuteur à l'autre bout du fil entende et il dit ce qu'il y a à dire assez vertement pour que ça entre bien ; puis il lâche le bouton et il s'en va. Lorsque René intervient ainsi, la personne est calmée pour plusieurs jours. Elles le disent :

« Quand je vois arriver René, aïe ! »

Pour le courrier, c'est la même chose. Il y a des règles pour l'ouvrir. C'est l'affaire des bénévoles – une partie arrive à 8 heures –, mais ils ne les observent pas toujours. René arrive, hop, un claquement de doigt et la personne désobéissante est remise à sa place pour plusieurs jours.

Quand le courrier arrive, matériellement, il ne le prend pas en main. Il se met sur un plan d'où il voit tout. Toutes les lettres dégagent leurs problèmes, elles émettent des ondes. Il reçoit tous ces problèmes. Sans avoir lu *les* lettres. Mais parlez-lui d'*une lettre en particulier,* il sait ce qu'il y a dedans, parlez-lui *d'un cas particulier,* spécial, relaté dans une lettre arrivée au courrier, il le connaît!

Nous répondons à chaque lettre par une lettre type, manuscrite et photocopiée (il y a plusieurs modèles selon les problèmes en cause), à laquelle nous joignons une photo de René. Les gens ne s'en plaignent pas. Nous leur expliquons que l'abondance du courrier nous contraint à procéder ainsi. Dans leurs lettres de remerciements, ils sont très heureux de notre réponse, ils sont heureux que nous leur ayons conseillé de poursuivre leur traitement médical, ils sont heureux de savoir que ce que nous faisons est en plus et ils espèrent que ce plus va leur apporter ce qu'ils souhaitent.

Il y a aussi des lettres dont ressortent des problèmes précis, auxquelles il faut répondre d'une manière plus personnelle.

René savait ce qui allait se passer à la suite de l'émission du 12 avril 1991 chez Patrick Sabatier. Il m'avait dit :

« Attends-toi à cinq cent mille lettres. Il ne voulait pas m'effrayer.

– Comment veux-tu que je m'en occupe à moi seule? lui ai-je répondu.

– Tu sais très bien qu'avec René Théwissen, il n'y a jamais de problèmes. »

Fort de ce que mon mari m'avait dit, lorsque j'ai rencontré le facteur, je lui ai expliqué :

« Christian, René va passer à la télé le 12 avril et il y aura ensuite beaucoup de courrier.

– Beaucoup de courrier, beaucoup de courrier? Ça ne nous changera pas, vous en recevez toujours beaucoup.

– Si, ça va changer. »

Et comme il avait l'air sceptique, je lui ai dit, pour le préparer :

« Attends-toi à cent mille lettres. »

Pour ne pas l'effrayer, cent mille me paraissait déjà énorme.

Le lundi, le facteur apportait deux cents lettres. Il pensait qu'à ce rythme, on était loin des cent mille. Le mardi, il y en avait vingt mille. Là, Christian le facteur a commencé à se poser des questions. Et puis le jour suivant, vingt-cinq mille. Et pendant des mois, la même cadence. Il y en a eu un million et demi. Et cela continue !

Je ne programme jamais mes journées. En fonction du travail que René a à faire, je dois être disponible. Tout régler en fonction de son emploi du temps, à lui. Mais c'est une vie merveilleuse puisque pour lui, les problèmes n'existent pas, qu'il règle ceux des autres. Ils n'existent pas pour nous : nous ne nous sommes jamais disputés. Nous sommes toujours sur la même longueur d'ondes. Il me dit :

« Tiens, tu devrais faire ça. »

Je le fais. Un jour, une semaine, un mois après, je vérifie qu'il avait raison, il fallait faire ça. Je ne me pose pas de questions. C'est lui le maître. Il a une mission. Il doit l'accomplir. Et, de plus, il m'initie pour que je continue après lui. Je travaille depuis cinq ans. On ne le sait pas car je travaille dans l'ombre. Je ne sais pas tout faire et c'est pour ça qu'il m'initie. Je suis complètement avec lui dans son travail.

Dès l'école, j'ai su que j'étais différente. On me disait :

« Toi, tu n'es pas comme les autres. »

Plus tard, j'ai travaillé et pendant vingt-deux ans dans la même place. Une de mes employées m'a dit la même chose :

« On ne peut pas discuter avec toi, tu ne réagis pas comme nous. »

La maison où j'étais avait traversé deux faillites. C'est dur à vivre. Il faut tenir le moral de ses troupes. J'ai réussi dans cette tâche mais les employées étaient fortes pour les cancans. Quand elles venaient dans mon bureau, je leur disais :

« Ne vous attardez pas à ceci, ce n'est pas important, gardez l'essentiel. »

Il y en avait toujours une qui me répondait que « je n'étais pas comme les autres ».

En 1982 ou 1983, je ne saurais plus trop dire – c'était l'époque où je vivais seule –, nous sommes allés à une exposition des peintures de René Théwissen. Après le souper des Amis du peintre, j'ai prononcé un petit discours. Quelques jours plus tard, René m'a dit que, dorénavant, je serais assise à sa droite, que j'étais son bras droit et qu'à l'avenir, il ne ferait plus rien sans mon aide. A ce moment, je n'étais pas très consciente du sens de ses mots. C'est au fur et à mesure que j'en ai mesuré l'importance, au fur et à mesure de mon initiation qui se fait sur le plan astral, pas sur le plan physique, car nous n'en avons pas le temps. Nous n'avons pas le temps de nous mettre autour d'une table pour en discuter.

Au départ, on n'a pas conscience de ce qui se produit. Et puis on découvre : tiens, je sais faire ceci; tiens, je sais faire ça. Chaque semaine, quelque chose s'ajoute.

Je me promène dans la rue. Je pense : tiens, derrière moi, il y a telle personne. Ou bien, je me retourne parce que je sais que cette personne va tomber et qu'il faut l'en empêcher.

Travailler avec lui, c'est aussi un moyen de mieux le comprendre. Mon mari est à table. Je lui dis quelque chose. Il ne répond pas : j'ai compris. Il est en train de travailler sur quelqu'un à distance. Alors je me tais et j'attends. Et si pendant tout le repas, il ne me répond pas, j'attendrai jusqu'à ce qu'il me parle. L'occasion se présentera le soir ou le lendemain. Mais tant qu'il travaille, je ne le dérange pas.

Pour résumer, le maître, c'est celui qui est au-dessus de moi et qui m'initie. Je le respecte en tant que tel. Je ne lui poserai jamais une question. J'attends qu'il me parle.

Il arrive souvent que des gens prennent rendez-vous avec René pour discuter avec lui de sa philosophie. J'assiste à ces conversations dans la majorité des cas, ce qui me permet d'écouter les questions qu'ils posent et les réponses de René. Parfois, j'ai moi-même des questions à formuler. Je ne le fais jamais en présence des gens, mais lorsque je suis seule avec René. Pourquoi ? Parce que si ces personnes n'ont pas eu l'idée de ces questions, moi, avec les miennes, je risque de les perturber. S'ils ne les ont pas posées, c'est qu'ils n'ont pas besoin de savoir. En revanche, leurs questions peuvent me suggérer des réponses, je les note et j'en parle plus tard.

Après sa longue maladie, René a repris ses consultations mais ici, à Houtain. C'est moi qui fixe les rendez-vous et je m'occupe du courrier. Avant notre mariage, il ne répondait jamais au courrier. Il n'en avait pas le temps. Il était seul pour tout. Après notre mariage, je lui ai dit qu'il valait mieux répondre. Il m'a dit : « D'accord, si tu t'en occupes. » C'est ce que j'ai fait. Il me dicte les réponses quand c'est nécessaire.

On a donc répondu, toujours avec du retard. Le 12 avril est arrivé : je me suis adaptée. On est venu nous aider, des bénévoles. Je me suis habituée à avoir une vingtaine de personnes qui circulent dans toutes les pièces, fouillent dans mes placards – s'ils veulent boire une tasse de café, il faut bien –, qui nous aident.

Certains de ces bénévoles viennent depuis le 12 avril dix heures par jour ! Pour rien, aucun salaire. Et quand nous les remercions, ils nous répondent :

« On ne pourra jamais vous rendre ce que vous nous avez donné. »

Beaucoup sont d'anciens consultants de René.

D'autres viennent quelques heures, un jour ou deux par semaine, selon leurs possibilités. Ça nous fait une équipe tournante de quarante-six personnes.

Monsieur et madame Tout-le-Monde ne supporteraient pas la vie que nous avons eue ici depuis le 12 avril 1991. Jusqu'à la fin juin, l'année dernière après l'émission, de 7 heures le matin à 10 heures le soir, la foule se pressait sous nos fenêtres pour voir à travers les vitres ce que nous faisions. Nous avons dû faire poser des vitres opaques. Tôt le matin, il y avait déjà vingt personnes devant la porte, tambourinant sur les volets, sur la porte. J'ouvrais, j'étais en pyjama.

« Laissez-moi le temps de prendre mon petit déjeuner, je ne suis même pas habillée. »

La plupart des gens comprenaient, quelques-uns non, il y a toujours des brebis galeuses.

Deux fois, je me suis mise en colère – ce qu'il n'aurait pas fallu. Nous avions mis un panneau pour indiquer que nous étions fermés. Je suis descendue sept fois en une heure de mon bureau pour répéter ce qui était inscrit. Les gens insistaient.

Je me suis reprise tout de suite et je les ai écoutés.

Dans ces cas-là, il faut penser que ces gens ont besoin d'aide. Mais nous, nous devons savoir nous créer des moments de détente pour pouvoir décompresser. Ma meilleure détente, à moi, c'est d'aller me mettre une heure à mon ordinateur. Hors des problèmes des gens. Ou écrire des contes, un petit texte à la suite d'une entrevue. Ou aller promener mon chien, trois fois par jour, ce que j'apprécie beaucoup. Je regarde la nature, je respire. De petites choses.

Nous ne partons jamais en vacances, à cause du matériel, le chevalet, les toiles de René. Et il ne se voit pas aller ailleurs que chez lui où il se sent si bien. Nous ne délogeons jamais. Mais il y a les petites promenades, ici ou là. Il y a les animaux...

Être la femme de René Théwissen est quelque chose de formidable.

Mais en restant une femme.

Il regrette énormément l'influence du féminisme. Il n'aime pas ces femmes qui revendiquent. Il pense que c'est la cause de nombreux divorces. Je suis de son avis parce que je crois qu'une femme peut faire beaucoup sans le féminisme.

La place de la femme est à côté de son mari. Pas devant, ni derrière. A côté.

Il regrette que la femme ait domestiqué à ce point l'homme. A cause de quoi, il perd le rôle essentiel qu'il a, d'être l'épaule sur laquelle on peut se reposer. C'est un peu la femme qui a détruit cela. Elle a voulu être l'égale de l'homme. Elle a voulu travailler. Quand les deux travaillent, à son retour, la femme a son ménage à faire, il faut que le mari aide et certaines qualités essentielles de l'homme comme de la femme se perdent. Beaucoup de femmes – pas toutes – oublient qu'elles sont l'épouse, avant d'être mère.

Dans la réussite du couple, pour 80 % entre le rôle de la femme. Il y a des attitudes que le mari aura si sa femme les a eues. Le mari gâte sa femme quand sa femme l'a gâté. Dans trop de ménages, la femme n'apporte plus la tendresse dont le mari et les enfants ont besoin. Elle est trop accaparée par une vie trépidante, une vie de stress. C'est cela que René regrette. Je l'ai souvent entendu dire, à une femme venue le consulter :

« Toi, je vais te mettre trois semaines dans mon enclos et je vais te dresser. »

Nous sommes allés, une fois, au vernissage d'une exposition d'un autre peintre. C'était le peintre, l'artiste qui devait être à l'honneur. Eh bien, toute la soirée, c'est sa femme qui s'est mise en vedette, à la place de son mari, au lieu de l'épauler, de le sécuriser et de l'aider.

La société nous a créé un tas de besoins. Autrefois, on ne trouvait pas chez la majorité des gens le confort qu'on trouve aujourd'hui. Chez les gens aux revenus moyens, on passait la soirée dans la cuisine. Il n'y avait pas de salon. Maintenant, tout le monde ou presque a sa voiture. Il faut payer tout ça. Pour le payer, la femme travaille, ce qui a augmenté le chômage.

René serait pour cette formule-ci : pour enrayer le chômage, toute femme ayant des enfants en bas âge reste à la maison. Elle reçoit en échange une aide mensuelle de l'État. Grâce à quoi, il y aurait beaucoup moins de délinquants, moins de drogués parce que c'est le manque d'affection qui pousse à la délinquance, à la drogue.

A deux ou trois mois, les enfants sont placés à la crèche, ou à la garderie. Ils n'ont plus le noyau familial, dans lequel on s'épanouit, pour les protéger.

J'avais sept femmes sous mes ordres, dans mon ancien emploi. On dit que le travail, c'est l'épanouissement de la femme. Aucune d'entre elles n'était épanouie. Pour l'une, c'était : « Et mon fils qui avait un rhume ce matin. Je l'ai conduit chez maman, est-ce qu'il a de la fièvre ? »

L'après-midi, pour l'autre, c'était : « Qu'est-ce que je vais faire à souper ce soir ? » Elles n'avaient pas l'esprit libéré au travail.

Elles sortent du travail, elles courent, pour aller chercher les enfants à la garderie, pour faire les commissions, pour préparer le dîner. Et les devoirs, le bain à leur faire prendre. Arrive 10 heures le soir, la fatigue, le lendemain matin, elles sont mal disposées pour commencer la journée.

Tout ça, pour René, c'est le féminisme qui en est responsable. Quand il voit les femmes manifester dans la rue, ça l'écœure.

En tant que femme, moi, ça m'écœure aussi.

Le femme peut beaucoup sans tout cela, elle peut influencer son mari de multiples manières sans que ça se remarque. C'est le résultat qui compte. Et tous deux en profitent.

Bien des hommes politiques, non des moindres, suivent l'avis de leurs femmes, prennent des décisions en fonction de ce qu'elles leur conseillent. Elles ne sont pas pour autant féministes.

Malgré tout son travail, René parvient à me consacrer du temps. Nous arrivons à trouver du temps pour notre équilibre de couple. Sans problème. Et nous avons la faculté, qui nous est propre, de communiquer sans nous parler.

Quand il recevait à Herstal, mon mari me commandait toujours son souper par télépathie. Une fois, seule au volant de ma voiture, je faisais mes courses, et, en roulant, je pensais : « Tiens, je vais faire ça et ça pour souper » et soudain, j'entends sa voix qui me dit :

« Ah non, je ne veux pas manger ça ! »

Je réponds :

« Si, pour une fois, je vais choisir moi-même.

– Pas du tout, je veux ça, fais ce que tu veux pour toi, mais moi, je veux ça. »

J'ai répondu d'accord et le soir, il avait ce qu'il avait demandé. J'en ai bien ri.

Parfois, c'est même amusant : nous sommes à table et au même moment, nous prononçons la même phrase.

Il change parfois de style de peinture sans rien me dire. Un jour, je sortais de sieste quand il me lance de son atelier :

« Ne viens pas tout de suite, respire d'abord bien à fond. »

Je n'écoute pas, j'entre tout de suite. Il avait peint une toile extraordinaire mais tellement puissante que je me suis sentie mal et qu'il a dû bondir pour me rattraper et me poser sur une chaise.

René peint souvent la nuit. Quand j'ai envie de me coucher, je le laisse.

Un matin, je vais voir ce qu'il a fait durant la nuit et je me trouve devant une toile étonnante, *La Maison du bonheur*. Et je me dis, mais c'est ça que je voulais qu'il fasse. Je descends prendre mon petit déjeuner. Mon mari se lève ensuite et il me dit :

« Qu'est-ce que tu m'en as fait voir, cette nuit !

– Pourquoi ?

– Parce que j'étais en train de peindre et tu es venue te mettre à côté de moi avec ton corps astral, et toute la nuit, tu m'as répété : fais comme ça, oui, vas-y, c'est ça que je veux, c'est ça que tu dois faire. Comme ça, c'est beau. »

Moi, je dormais paisiblement et en même temps, je passais toute la nuit avec lui !

C'est une vie particulière et merveilleuse.

En principe, nous nous réservons nos soirées, mais pas toutes. Elles suffisent pour qu'une grande intimité se soit installée entre nous.

Nous avons des amis. Pour les gens, nous en avons beaucoup. Pour nous, ils sont moins nombreux et rares ceux dont l'amitié est gratuite. Dans la majorité des cas, les gens qui pénètrent chez nous viennent formuler une demande. Ils posent une question. Rares sont ceux dont ce n'est pas le cas. Mais depuis le 12 avril, ça a changé. Les gens qui viennent travailler avec nous commencent à être conscients du travail énorme que nous faisons. Pas toujours.

Je me souviens que quelqu'un m'a dit :

« Je ne sais pas ce qu'a René, quand je lui parle, il ne me répond pas comme autrefois il le faisait à nos soirées.

– Il y a quelque chose de changé, lui ai-je répondu. Maintenant que tu travailles avec nous, tu vois qu'il est occupé ailleurs et toi tu lui parles comme en soirée. *René est en plein travail, il ne t'écoute pas.* Moi qui vis avec lui, je sais qu'il y a les moments où je peux lui parler et ceux où je ne le dois pas car il ne m'entend pas; il faut que tu le comprennes. *Il travaille sur le plan astral et tu ne le vois pas.* »

René fait en sorte de paraître monsieur Tout-le-Monde. Il s'habille, il se rase, il circule dans la maison, il lit son journal. Mais, même en lisant son journal, *il travaille*. Tout le temps. A certains moments, le travail est moins important qu'à d'autres. Des cas sur lesquels il travaille sont très difficiles, maladies graves, suites d'une opération, etc. Dans ces moments, il ne faut pas vouloir lui parler. Mais pour les soirées où il reçoit, il va s'arranger pour ne pas faire le plus difficile, et garder le plus facile. Et il reprend le plus difficile après le départ des gens, il y travaille jusqu'à 2 ou 3 heures du matin. Car il ne cesse jamais!

La masse de demandes qu'il a reçues depuis avril fait qu'il n'arrête pas. Même la nuit en dormant, il travaille. Parfois je suis réveillée à 2 ou 3 heures du matin : la phrase répétée dans l'astral pour une personne afin qu'elle la retienne bien, il la dit tout haut. Je me réveille, je me retourne et je me rendors.

En société, nous éprouvons toujours un sentiment d'isolement. Nous faisons peur, la plupart du temps. Beaucoup de personnes parlent du bien que René Théwissen leur a fait mais elles en parlent mal. Elles viennent pour un gros problème, René Théwissen les sauve de leur problème, elles reviennent pour autre chose, il les sauve encore de leur nouveau problème. Elles veulent alors faire partager aux autres la chance qu'elles ont eue. Leur intention est bonne. Et elles racontent, il m'a fait ceci, il m'a fait cela. Elles en disent trop.

Une cousine éloignée avait demandé un rendez-vous avec René. Je lui fixe une date. Mais le jour même, elle téléphone à ma sœur pour avoir confirmation du trajet et elle lui explique :

« Tout est tellement embrouillé dans ma tête que je ne sais pas comment je vais pouvoir expliquer ce que j'ai. »

Et ma sœur lui répond :

« Ne t'inquiète pas, il voit le passé, le présent et l'avenir. »

Du coup, cette personne n'est jamais venue en consultation. Pourquoi ? Parce que cette femme a passé sa vie à paraître, à montrer la façade pour ne pas qu'on voit ce qu'elle a à l'intérieur. Et on lui dit, au téléphone, il voit le passé, le présent et l'avenir. Cette femme a été prise de panique. Ma sœur croyait bien faire, elle lui a parlé ainsi pour la rassurer.

Les gens parlent mal en étant bien intentionnés. Avant de vivre avec lui, quand on me posait des questions sur lui, je disais :

« Va voir René Théwissen et découvre-le toi-même. Pourquoi te dire tout ce qu'il sait faire si tu n'as besoin chez lui que d'une seule chose ? »

Dire trop de lui le rend inaccessible et effraie les gens.

De lui-même, René s'en tient au problème précis pour lequel on vient lui rendre visite. Ceux qui en disent trop auraient tendance à le prendre pour un dieu. Ce n'est pas ce qu'il recherche. Certains même ont été jusqu'à lui téléphoner pour lui dire :

« Nous faisons, demain, un barbecue dehors, y aura-t-il du soleil s'il vous plaît ? »

Heureusement, ils sont rares. La conséquence de leurs propos est négative. Quand nous arrivons en société, parmi des gens qui ont entendu de tels propos, nous les effrayons.

Nous étions invités à un baptême familial. Tous les membres de cette famille avaient consulté René. Nous arrivons au baptême et nous voyons bien que tous les gens présents sont gênés de nous voir. Ils n'avaient pas envie qu'on sache qu'ils étaient venus nous voir! Ils avaient peur que les autres membres de la famille découvrent qu'ils avaient des problèmes. René a dit bonjour à tout le monde sans marquer qu'il les connaissait, sans laisser soupçonner qu'il les avait déjà rencontrés. Après une demi-heure, l'atmosphère s'est détendue.

Ont-ils honte? Ou peur du qu'en-dira-t-on? Ou un sentiment de culpabilité? Ils ne vont pas chez le médecin mais ils vont chez le gourou, chez le guérisseur, chez le mage... Il y a une étiquette. Ils ne se sentent pas bien dans leur peau quand ils viennent chez nous. Ils aiment bien venir, mais ils ne veulent pas que cela se sache.

Il ne faut pas que ça se sache

Les allusions sont les lettres anonymes
de la conversation.

Pour compléter ce que vient de dire Bernadette, je peux raconter ceci : je reçois une femme, je la soigne, elle sort de mon cabinet, une autre femme l'interpelle sur le trottoir :

« Tiens, vous êtes venue voir René Théwissen ?

– Moi ? Non, certainement pas, c'est un charlatan. »

Cette femme sortait indiscutablement de chez moi. Mieux encore, elle y reviendra la semaine suivante. Je l'avais aidée, je l'ai beaucoup aidée par la suite. N'empêche. Elle ne voulait pas que ça se sache, qu'elle venait dans mon cabinet. Elle avait honte d'être venue et que ses voisins l'apprennent.

Les gens sont ainsi. Ils veulent paraître plus forts que les autres, ils veulent faire croire qu'ils peuvent tout tout seuls. Pour eux, c'est un peu une honte de venir voir René Théwissen. Ils sont heureux de venir, si ça ne se sait pas.

Dans 50 % des cas, on me perçoit plutôt bien. Dans 88 % des cas, quand ils en ont fini avec moi, les gens me perçoivent bien. Le problème est donc ailleurs.

Je pense ceci : les gens ne croient pas en ce qu'ils

croient. Ils ne croient que lorsqu'ils ont obtenu satisfaction. Il leur faut des preuves. Parlant de moi, ils utilisent souvent des étiquettes. Ils m'appellent le « rebouteux », le « guérisseur », le « sorcier », l'« homme aux mains d'or », le « gourou », le « mage », tous les termes imaginables sauf celui que je revendique et qui est le suivant : L'ASSISTANT SPIRITUEL. L'homme qui assiste les autres.

Je peins la douleur des gens

Les gens sont des couleurs. C'est la vie qui tient les pinceaux.

Bien que n'ayant aucune formation ni en dessin, ni en peinture, je me suis mis à peindre à l'âge de cinquante ans.

Il y a un temps pour tout. J'avais pratiqué les arts martiaux pendant trente-quatre ans et je m'étais toujours dit :

« A cinquante ans, j'arrête. Il y a un temps pour tout, il ne faut pas se croire éternellement jeune. »

Je soigne les gens et je les dégage dans certains cas précis de leur douleur. Mais je dois prendre cette douleur sur moi et alors, c'est à moi de la supporter. Quand on reçoit comme moi une cinquantaine de personnes quotidiennement, il est bien évident que si, le soir, je me mets tel quel au lit, je ne peux pas m'endormir. Alors, je me mets derrière mon chevalet et je peins. Je peins le malheur des gens. Je peins les beautés de la vie. Ma peinture résume un peu la journée écoulée.

Je peins des personnages, des paysages, je peins des fleurs.

Il y en a qui écrivent, et ils écrivent parfois très bien. Moi, soudain, j'ai eu envie de peindre. Ce que je veux dire, je le dis avec de la peinture, avec de la couleur, des formes qui ont été figuratives un temps puis ensuite non figuratives.

Si je parle, j'explique une certaine quantité de choses mais, même dans le meilleur des cas, je suis persuadé que la moitié des gens qui m'écoutent oublieront au moins la moitié de ce que je leur ai dit.

Si j'écris, ceux qui me liront iront peut-être jusqu'au bout – j'espère que ce sera le cas de tous –, mais après m'avoir lu, ils rangeront le livre dans leur bibliothèque. Ils l'en sortiront. Peut-être.

En revanche, un tableau, on l'accroche et on le voit, on le revoit, il est vu par ceux qui viennent en visite, un dialogue constant s'engage avec lui.

Les personnages comme le reste, d'ailleurs, sont des inventions : j'invente de toutes pièces.

Je peins une personne, je lui donne un attitude, je la fais parler. Puisque depuis quarante ans je pratique les sciences orientales, il est bien évident que j'ai emmagasiné des choses à dire. Et je pourrais les dire aux gens que je reçois. Sans prétention mais en toute simplicité, je le dis dans ma peinture. Ce qui n'est pas apprécié par tout le monde mais l'est par le grand public. Le succès que j'obtiens auprès de lui vient, je crois, de ce que les gens se retrouvent dans ce que je peins.

J'ai fait de la peinture figurative pendant neuf ans pour apprendre le métier, pour me faire la main. Puis, ma peinture a changé. Je me suis mis à peindre des émotions.

Notre vie est emplie d'émotions. Toutes les sortes d'émotion. Les gens les ressentent, ils ne les voient pas. Moi, je les représente avec des couleurs.

Je peins les couleurs de l'aura. Elles n'existent pas

sur cette terre mais certains de mes tableaux les approchent.

Autrefois, je voulais peindre un paysage, évoquer le chemin de la vie par exemple, avec ses embûches et cette lumière dans le fond qui est l'espoir qui nous permet de ne pas baisser les bras, de lutter, de continuer à avancer. Dans mon esprit, une image se formait, se créait. Quand j'étais face à la toile blanche, cette image que j'avais en tête, je la voyais sur la toile : alors, je n'avais plus qu'à la décalquer, mettre les couleurs où elles devaient être. C'est ainsi que je peignais.

J'avais rencontré un peintre, un professionnel, il avait fait six ans d'académie. Il parlait de ce qu'il faisait avec une telle fougue qu'il m'a enthousiasmé. Mais tout de suite, il a refroidi mon exaltation, il m'a démontré que si on n'était pas passé par l'académie, si on n'avait pas une formation, il n'y avait rien à espérer.

Sans le savoir, il me lançait un défi. Et moi, je suis un peu l'homme des défis. J'ai peint un premier tableau, le 6 janvier 1979, que j'ai montré à un ami, Albert Dumers, qui m'a dit :

« Ça, c'est un coup de chance. Tu ne pourrais jamais faire un second tableau comme ça. »

Il se trompait. J'en ai fait un deuxième, un troisième, un quatrième, j'ai fait une exposition. Avec dix-huit tableaux qui, tous, ont été vendus. C'était le 6 mai 1979...

J'ai continué à peindre, à exposer. A la seconde, c'étaient trente-deux tableaux qui étaient vendus ! A chaque exposition, j'avais le toupet de tout vendre ! Quelle indélicatesse !

J'ai créé un « Grand prix de peinture et des arts graphiques René Théwissen » pour permettre aux jeunes débutants d'approcher le grand public. La première année, il y a eu vingt-deux participants, la deuxième quarante-deux, la troisième soixante-six puis soixante-huit, etc.

Peindre est devenu un besoin chez moi. Quand j'ai fini de recevoir mes visiteurs, je m'y mets et je peins jusqu'à 2 ou 3 heures du matin. Pour faire le vide en moi. Détendre l'outil. Pour, en quelque sorte, résumer ma journée. J'ai fait des expositions personnelles en Belgique et à l'étranger, participé à une dizaine de salons d'ensemble et obtenu quatre diplômes, des médailles dans les salons internationaux.

Pour l'Année de l'enfance, je me suis dit : je vais peindre un adolescent à qui on montre son avenir. Il ne faisait pas belle figure ce jeune, je l'ai appelé *Face au destin*. Quelques mois plus tard, je montrais une photo de ce tableau à un ami qui m'a dit :

« Tiens, comment ça se fait? tu es copain avec mon copain?

– Copain, copain? Il n'y a pas de copain. C'est un personnage que j'ai inventé.

– Non, regarde. Il a sorti une photo de son portefeuille, il l'a mise à côté de la photo de mon tableau et c'était frappant, les deux personnages étaient identiques. J'avais inventé quelqu'un qui existait, donc je ne l'avais pas vraiment inventé. C'était étonnant! »

Autre exemple, un jour je peins un paysage. Huit jours plus tard arrive chez moi un homme qui le voit et remarque :

« Vous savez? Quand vous montez par là, à cet endroit, il y a un petit chemin, à droite.

– Je ne sais pas de quoi vous parlez, d'après ce que vous me dites, je ne connais pas l'endroit que vous évoquez.

– Mais si, mais, vous verrez, je vais vous montrer. »

Le lendemain, il revient avec une photo d'un petit coin des Fagnes où, régulièrement, il se rend. C'était le paysage de mon tableau. Décidément, on n'invente rien!

Je ne suis jamais sorti de mon atelier pour peindre un paysage. On me demande de peindre des portraits. Je préviens tout de suite. Je ne peins pas les personnes comme on les voit, je les peins telles qu'elles sont.

Ma peinture n'est pas commerciale. Je n'essaie jamais de plaire. Je dis ce que je crois avoir à dire. Je le dis un peu à la façon de Jacques Brel – que j'ai peint – qui disait :

« N'ayez pas peur de gueuler, si on ne voit pas votre cœur, qu'on voit au moins vos dents! »

Je n'ai jamais rencontré Jacques Brel, je l'ai vu à la télévision et j'ai retenu certaines de ses expressions. En particulier quand il chante : *Ne me quitte pas*. Je l'ai peint plusieurs fois. C'est une peinture qui fait mal. Je l'ai peint parce que Brel était un homme honnête, qui parlait sans mettre de gants, un grand poète irremplaçable.

On m'a demandé de participer à un salon d'ensemble en hommage à Georges Simenon. Nous étions quarante qui devions illustrer des œuvres de Simenon. J'ai hérité de *Monsieur la Souris*. C'est l'histoire d'un instituteur qui, un beau jour, quitte tout. Il part et devient clochard. J'ai mis dans ses yeux une petite malice qui n'est pas celle de tous les clochards. Ses mains non plus ne sont pas celles d'un clochard.

Pas commerciale, ma peinture est percutante dans les couleurs. Il le faut. Les malheurs des gens et les beautés de la vie, ça ne se dit pas en murmurant, ça se dit parfois en criant!

Dans l'astral, il n'y a rien de matériel. C'est un monde de sons et de couleurs. Je vis dans ce monde et ça se sent dans ma peinture, je parle avec des couleurs. Un écrivain emploie les mots, mes mots à moi, ce sont les couleurs.

Les ocres, les jaunes, les orange, les bleus, les rouges sont mes favorites. J'apprécie moins le noir et le gris qui ne sont pas pour moi des couleurs. Noir, gris, c'est triste, on peut peindre même le malheur des gens avec des couleurs éclatantes.

Si beaucoup de gens aiment ce que je fais, d'autres ne m'apprécient guère. Ce sont les sergents qui se prennent pour des généraux, les serre-files de la peinture. Ils passent leur temps à critiquer les autres pour masquer leurs faiblesses. C'est leur droit, je ne les juge pas, je ne le leur reproche pas, seulement j'estime qu'il est préférable de se remettre soi-même en question car c'est ainsi qu'on progresse : mieux peindre soi-même que papoter à propos des autres.

Je suis, aujourd'hui, l'un des peintres les plus contestés, sans doute parce que je suis le plus dérangeant. Pour moi, c'est un encouragement! L'important est de ne pas laisser indifférent. Si on peut passer devant un tableau sans même le voir, c'est qu'il n'a rien à dire. Que le tableau ne dit rien et qu'il n'y a rien à en dire!

Ou on m'aime beaucoup ou on ne m'aime pas au point de m'agresser et dans ce dernier cas, je dois avouer que ça me plaît beaucoup. La plupart de ceux qui m'agressent ne me connaissent pas, ils n'ont jamais eu de conversation avec moi. Mal informés, je ne leur en veux pas. Chacun est libre de penser ce qu'il veut. A partir du moment où j'expose, je deviens un homme public et je dois donc admettre les critiques adressées à l'homme et à sa peinture.

Des critiques ont écrit de moi : « René Théwissen, un véritable phénomène de la peinture » ; « Ses toiles sont l'aboutissement d'un art pictural, né d'une vision attentive des hommes et de la nature » ; « René Théwissen est une nature. Il demeure et reste un "cas" de la peinture contemporaine » ; « Il est comparé aux grands expressionnistes tel Vlaminck » ; « René Théwissen ou "la fureur de peindre" ».

Je ne peins pourtant pas de *beaux* tableaux. Un beau paysage, une belle allée, de beaux arbres, tout le monde peut l'avoir, il suffit de prendre une photographie. Et même, une photo en couleurs. Pas un détail ne manquera. Moi, ce que je fais c'est de la peinture inventée. Mes toiles sont des *états d'âme*. Je peins ce que je ressens, comme j'en ai envie, pas ce qu'on me commande. Albert Dumers, de Verviers, celui qui m'avait mis au défi de peindre d'autres toiles, a été beau joueur. Il avait ajouté :

« Si vous en peignez d'autres, c'est que vous avez quelque chose dans le ventre. »

Quand il a vu ce que j'avais fait, il m'a demandé d'exposer ces toiles dans sa galerie. Je n'y tenais pas, il a insisté et ça s'est fait.

Mes toiles sont des cris. Quand je vois la réaction de ceux qui les regardent, j'ai l'impression d'être parvenu à montrer des plaies, à mettre le doigt sur ces plaies, à les faire saigner.

Je peins comme des cris. Ainsi *Le Retour du prisonnier*, un soldat en uniforme de 1940, qui serre dans ses bras un vieil homme. *Le Masque de la vie*, ma deuxième toile, représente dans un masque les gens tels qu'ils sont, avec leurs grandes qualités et parfois leurs petits défauts.

J'ai commencé à vendre des toiles et j'ai fait modifier sur ma carte d'identité la mention de ma profession : j'étais « invalide de temps de paix ». J'ai renoncé à toucher ma pension et je suis devenu : « artiste-peintre ». Non plus « amateur », puisque je vendais, il fallait inclure la TVA, il y a des règles à respecter pour être dans la légalité. Je suis donc, professionnellement, artiste-peintre.

Ma peinture a évolué. Je suis resté fidèle à mon goût pour certaines teintes mais je travaille les mélanges dans des toiles non figuratives. Certains goûts subsistent pourtant, par exemple pour la nature, les arbres.

Les arbres sont très importants. Nous ne pourrions pas vivre sans eux. Ils sont notre respiration. L'arbre, c'est d'abord le bois de notre berceau. C'est le bois de notre chaise, le bois de la porte, le bois des chevrons du toit de la maison, le bois de notre lit, et un jour, le bois de notre cercueil. Toute notre vie est fondée sur le bois.

Les arbres, décharnés, effeuillés. Le feuillage est comme une chemise qu'on porte. Qu'on enlève, qu'on change. Les feuilles nouvelles des arbres au printemps en sont la chemise nouvelle.

Toute fin porte en elle l'espoir d'un renouveau.

L'arbre est aussi une antenne tournée vers le ciel d'où il capte ses forces. Vers l'astral. Un signal, un être vivant. Palpitant de vie. Il faut savoir l'écouter, le toucher. Le sentir. S'en faire un ami, un confident.

J'ai toujours compté de bons amis parmi les arbres. Il en existe à qui je rends visite régulièrement, contre lesquels je m'appuie, qui me rechargent.

L'arbre aide qui en fait son ami, il peut recharger

de vitalité qui en manque, il peut régénérer. Encore faut-il admettre qu'il y a des relations intrasensorielles qui peuvent s'établir avec lui. Ce que j'essaie de faire ressentir avec mes toiles. Des visions intrasensorielles que le subconscient perçoit. Une minorité de ceux qui voient mes toiles les décèlent bien que tous les ressentent sans en définir l'origine.

Je peins des états d'âme *et c'est à la sensibilité que je m'adresse.*

Je ne garde pas ce que je peins bien que je sois collectionneur. J'ai une collection de deux cent cinquante bouddhas, je collectionne les timbres-poste, les cartes postales, les cuivres anciens, les quinquets, les porcelaines chinoises. J'aime tout ce qui est ancien, tout ce qui a une histoire.

Je soigne le mal de vivre

Où vas-tu habiter si tu ne soignes pas ton corps?

J'ai soixante-deux ans et, naturellement, je ne suis pas le même que celui qui, à vingt-trois ans, sortait de son initiation.

La première chose qu'on m'a apprise, dans l'initiation, je l'ai déjà dit, c'est qu'il faut progresser tous les jours. Comment? En étant à l'écoute des autres. Peu importe le niveau social de la personne que vous avez devant vous. Tout le monde peut vous apprendre quelque chose.

A vingt-trois ans, j'avais achevé mon initiation théorique, j'étais donc prêt à apprendre. Je sortais de l'école, j'avais la clé pour ouvrir la porte.

J'avais emmagasiné ce qu'il fallait sur le plan spirituel et sur le plan matériel. Ce dernier dépasse la médecine occidentale. Le plan spirituel va au-delà du catholicisme que j'avais été contraint de recevoir, il inclut toutes les religions des gens que je voyais. Allah, Bouddha, Dieu sont des mots. Mais j'avais appris, moi, d'où je venais, où j'irais et cela n'a de sens que s'il y a quelqu'un qui programme, qui orchestre. A l'écoute des gens, j'ai donc appris toutes les religions. Tout ce qui était bon dans chacune. Et ce qui l'était moins aussi. Et plus j'ai appris, moins j'ai éprouvé le besoin d'en pratiquer une. J'avais pratiqué la religion catholique jusqu'à ma communion. J'ai surtout eu beaucoup de conversations avec des prêtres, avec des moines, avec des sommités de l'Église catholique.

J'avais un ami dont le fils était moine à Clairvaux. Pas un moine comme les autres. Précédemment, il avait fréquenté l'université jusqu'à trente-cinq ans. Il possédait une licence en philosophie romane, une en hébreu, une autre en théologie. Il avait obtenu des bourses afin de poursuivre des études en Allemagne, toujours de théologie, pendant deux ans. Puis ce furent deux années à Jérusalem pour étudier la théologie au plus haut niveau. Avec lui, j'ai eu des échanges profonds, vraiment très profonds.

J'ai eu la chance de rencontrer plusieurs personnes de ce niveau. Un témoin de Jéhovah, par exemple, élevé dans cette religion depuis sa petite enfance. Vers dix-huit ans, il avait été envoyé à New York dans leur principal centre d'étude où il est resté trois années. A son retour, il est devenu formateur des cadres de cette Église.

En ce qui me concerne, j'ai reçu ces cinq années d'initiation, mais je suis toujours en initiation. Je continue d'apprendre. Le mot apprendre ne convient pas, il faudrait le dire autrement. Chaque jour, quelque chose vient continuer mon initiation. J'ai reçu un bagage important, j'ai reçu des preuves de la justesse de ce qu'on m'avait dit. Et, tout au long de ma vie, chaque jour, les conversations que j'ai eues ont confirmé le contenu de mon initiation, ce depuis bientôt quarante ans.

J'essaie de m'améliorer tous les jours. Ce n'est pas parce qu'on a reçu une initiation, aussi importante soit-elle, qu'il faut se prendre pour le grand monsieur, à qui tout a été donné. Non, il faut se battre quotidiennement.

Je l'ai dit, chaque jour qui passe sans laisser de trace est un jour perdu. Et j'essaie de vivre une trilogie qui est la mienne : amour, sagesse et tolérance. Sans relâche.

L'initiation n'a pas fait de moi quelqu'un de parfait. Parfait, je dois me battre tous les jours pour essayer de le devenir. L'initiation fait de vous quelqu'un de bien informé, qui sait d'où il vient, pourquoi il est là, où il ira après. Quelqu'un qui sait ce qu'on attend de lui. Quelle est sa mission. Comment mieux l'accomplir.

Je fais ce travail sur moi parce que si je ne le fais pas pour moi-même, je ne le ferai pas pour les autres.

Je n'ai rien à prouver aux autres, j'ai à prouver à moi-même. Si aujourd'hui, j'ai été un peu plus sage qu'hier, les autres ne pourront pas ne pas le remarquer. Par l'exemple, on apporte quelque chose aux autres.

Les gens croient que leurs problèmes ne sont que les maladies, les angoisses. Mais c'est aussi, sans qu'ils le sachent, la recherche de la spiritualité. Peut-être ne savent-ils plus bien vivre leur vie physique et matérielle. Nous sommes embrigadés dans un système où les gens sont, de plus en plus, pris en charge. C'est la chose la plus facile d'être pris en charge. Et puis à un moment, ça ne va plus. On perd sa personnalité, on perd son pouvoir de décision. Les gens ne sont plus eux-mêmes. La société les prend de plus en plus en charge pour les conditionner, leur créer des besoins inutiles de façon à ce qu'ils travaillent plus, qu'ils dépensent plus. La recherche de l'argent devient essentielle. La publicité les guide, les asservit. Vous entrez dans un magasin :

« Je voudrais une savonnette.

– Ah, là vous en avez six préemballées pour pas cher.

– Je n'en veux qu'une seule.

– Nous ne les vendons pas par une. »

Ou bien :

« Je voudrais un paquet de lessive.

– Prenez les trois paquets, ça vous reviendra moins cher le paquet.

– Mais je n'en veux qu'un seul... »

Les gens finissent par ne faire que ce qu'on veut qu'ils fassent. Et ces gens, bientôt, ne savent plus qui ils sont, pourquoi ils sont là.

J'essaie de faire comprendre ces idées-là, d'abord en écoutant ceux qui viennent à moi. J'écoute ce qu'ils disent de ce qui les fait mal vivre. J'essaie ensuite de leur expliquer que là, et là, et là, ils pourraient changer. Ils pourraient vivre plus simplement. Avec plus de bons sens. Avcc plus de logique.

Ils reçoivent très bien ce que je leur dis parce que je ne leur impose rien. Je leur dis :

« Je vous donne un conseil parce que vous me le demandez, mais vous n'êtes en rien obligé de le suivre. Il y a votre façon de voir les choses et ce que je viens de vous expliquer. Étant donné qu'il y a plus d'idées dans deux têtes que dans une seule, si dans une semaine, dans deux, vous réfléchissez aux propos que nous avons échangés, je suis sûr que vous serez amené à changer quelque chose et ça ira déjà mieux. »

Ils repartent ainsi.

Il ne faut jamais imposer quoi que ce soit aux gens, il ne faut jamais se substituer à eux : essayer de les conditionner, de les diriger. Ils sont pris en main par notre société. Si moi je les prends aussi en main, je n'ai rien arrangé. Au lieu d'être conduits par la main par la société, ils le seraient par moi. Ce n'est pas ce qu'il faut. Ce sont des adultes. Ils peuvent réfléchir.

Je les renvoie à eux-mêmes. Il faut leur réapprendre à prendre leurs responsabilités. A décider. Ne plus laisser les autres décider à leur place.

L'initiation, finalement, n'est pas une école.

C'est une philosophie de vie et, en tant que telle, elle ne s'apprend pas, elle se partage. Elle ne s'impose pas, on la partage. Elle n'est pas du matraquage. Du bourrage de crâne. Quand vous posez une question à un Maître, la plupart du temps, il vous répond en vous posant une autre question. A vous de trouver la réponse.

Ainsi ai-je appris ce que je sais aujourd'hui, sans que rien me soit imposé.

En premier, j'ai appris à être à l'écoute des autres. De n'importe quel niveau social, du premier en bas, jusqu'au dernier, en haut, tout le monde a à vous apprendre.

J'ai appris à regarder vivre les gens. Regarder ce qui ne va pas dans leur manière de vivre et de penser.

Plus aujourd'hui qu'autrefois, ils ne savent plus être eux-mêmes. La télévision, la radio, les journaux nous apprennent quelque chose d'ignoré, autrefois, mais qui nous conditionne aujourd'hui.

La sagesse du vieux paysan se perd.

On apprend beaucoup mais beaucoup de choses inutiles.

Première répercussion de cette surinformation, il y a au moins 50 % de malades en plus. Le responsable? Le progrès, l'évolution.

On a évolué, depuis cinquante ans, ne serait-ce

que sur le plan de la sexualité, mais cela ne veut pas dire en améliorant le bien-être. La même chose pour la science, la technologie.

La science essaie de plus en plus de démontrer que Dieu n'existe pas. Que seuls les scientifiques savent tout. Heureusement, il faut constater que le plus grand progrès de la science est qu'elle avoue, maintenant, ne pas tout connaître, ne pas pouvoir répondre à tout.

La conséquence du rôle des médias est que les gens se sentent de moins en moins sûrs d'eux-mêmes.

Ceux de la télévision parlent tellement bien que, par comparaison, la sagesse du vieux paysan paraît dépassée. Sans oublier la sagesse de ceux qui travaillent dans les ateliers, dans les usines.

L'évolution consiste à produire toujours plus pour être plus rentable, sinon on est dévoré par les trusts, par les grands.

On sort de chez soi le matin pour plonger dans les embouteillages. On a peur d'arriver en retard au travail, d'être licencié. Au travail, il faut produire le maximum, sinon, on vous remplace par quelqu'un d'autre.

La technologie invente des machines perfectionnées qui remplacent de plus en plus de monde, l'angoisse gagne les gens. Ils vivent à deux cents à l'heure. La moitié sont malades à cause de ce mode de vie qu'on leur impose. Bien plus qu'autrefois.

Quand j'étais gamin, un homme travaillait facilement trente, trente-cinq ans dans la mine. Il descendait avec son pic sur l'épaule et commençait à arracher le charbon. Il faisait ses douze heures. Il rentrait chez lui et il avait encore la force de faire son jardin. C'était il y a quarante ans.

On a modernisé. Il y a eu le marteau-piqueur.

Il y a eu les petites locomotives électriques.

On a travaillé aux pièces. Il fallait extraire tant de charbon par jour. Grâce au marteau-piqueur, on y parvenait mais avec une de ces poussières...! Cinquante pour cent en plus de mineurs ont été atteints par la silicose. Le progrès tue aussi fort que l'angoisse et l'énervement.

La médecine actuelle, la nôtre, la médecine de pointe, elle a à peine cent ans d'âge. Dans l'histoire du monde, c'est un nouveau-né.

La médecine traditionnelle s'est dissociée de la spiritualité pour se tourner vers la science qui a progressé. Elle s'est tournée vers la technique et elle est devenue de plus en plus impersonnelle. *Elle a tendance à s'occuper bien plus de la maladie que des malades.*

Quand quelqu'un n'est pas bien, qu'est-ce qui importe pour lui ? Que son médecin prenne le temps de l'écouter. Qu'il lui explique de quoi il souffre, comment faire pour le sortir de sa souffrance.

Vous allez dans une clinique ou dans un hôpital, ne serait-ce que pour un examen, on ne vous dit rien. Vous êtes considéré comme un numéro. Votre médecin traitant, vous prévient-on, recevra le résultat de l'examen et il vous informera. Le médecin traitant reçoit le rapport, dans un jargon dont vous ne comprenez pas un mot. C'est ainsi, vous n'existez pas. La personne se perd. A quoi sert encore votre esprit s'il n'y a plus aucune création ?

En Chine, à quatre cents kilomètres d'une ville importante, dans une rizière, dans un patelin minuscule, allez expliquer aux habitants qu'il existe des machines modernes qui peuvent tout faire à leur place. Ils vous répondront :

« Oui, mais si la machine fait tout, à quoi nos mains vont-elles servir? A quoi vont servir nos esprits? »

Dans ce village, on vit encore comme il y a cinq cents ans. Et vous y trouvez encore des centenaires, des vieillards en bonne forme.

Le progrès est à maîtriser mieux qu'on ne le fait. Par rapport à ma jeunesse, la vie des gens s'est améliorée. Dans tous les ménages, il y avait une vieille personne au coin du feu. Elle s'occupait des petits enfants, elle leur expliquait ce qu'avait été sa vie autrefois. A l'âge de six ou sept ans, on savait ce qu'était la vie. On savait qu'il fallait travailler, se battre pour parvenir à quelque chose. Aujourd'hui, avec ce qu'on appelle l'évolution, la femme doit travailler comme son mari pour faire face à tous ces besoins inutiles que la société nous crée.

Ainsi, puisque la femme travaille comme son mari, on ne peut plus laisser l'aïeule au coin du feu. On la place dans une maison de retraite. On met les gosses dans les crèches. Il n'y a plus de vie familiale, il n'y a plus de tendresse, il n'y a plus d'affection. C'est ce qui manque le plus aux gens. C'est ce qui provoque de nombreuses maladies.

On s'étonne que des adolescents se tournent vers l'agressivité, vers la drogue. Ils cherchent une compensation. Ils cherchent autre part ce qui leur manque chez eux.

Quand j'étais gamin, lorsque quelqu'un souffrait d'un abcès dentaire, il allait chez le pharmacien :

« Monsieur le pharmacien, donnez-moi un pavot, s'il vous plaît. Pour soigner mes dents. »

Il ne serait jamais venu à l'esprit de personne de prendre du pavot pour se droguer. Pourquoi? parce que dans tous les ménages on trouvait l'amour, l'affection, les caresses, la douceur, on trouvait ce dont on a le plus besoin. Moi, je ne l'ai pas trouvé. Mais la majorité des gens le trouvait. Les adolescents de mon âge le trouvaient et c'est en ça que j'étais différent d'eux. C'est ce qui n'allait pas en moi.

Depuis que j'écoute les gens, je le constate, il y a en eux un manque d'amour, de sagesse, il y a un manque de tolérance, un mal de vivre. *Le monde est en train de mourir du manque d'amour.*

L'initiation m'a rapproché de Dieu, très fortement. Appelons-le Dieu, parce que c'est un mot que tout le monde connaît.

Sans lui, nous ne serions pas là. Sans lui, il n'y aurait plus de but. Plus rien n'aurait de sens. Nous n'aurions plus de raison valable de vivre. Parce que si une vie consiste à amasser de l'argent que vous laissez là quand vous repartez, à quoi bon? Tout, vous le laisserez quand vous repartirez, tout vous est prêté momentanément sur terre.

Les gens courent pour avoir de plus en plus, plus que le voisin, pour être propriétaire, mais quand vous repartez, vous laissez tout et ce sont les autres qui s'en serviront. Nous ne sommes propriétaires de rien du tout.

J'ai rencontré des témoins de Jéhovah, j'ai rencontré des moines, j'ai rencontré des spirites, des antoinistes, des mormons, des musulmans. Tous m'ont conforté dans ce que je croyais.

La majorité de ceux qui viennent me voir pour que je les aide me parlent de leur mal de vivre. Pas pour que je les guérisse de telle ou telle douleur, de telle ou telle maladie ou que je leur parle de religion puisque la religion n'a pas su leur répondre. Mais pour leur mal de vivre. Car il y a des gens qui ne souffrent pas physiquement, qui souffrent dans leur tête, dans leur âme. Ils viennent m'en parler.

C'est la fin d'un siècle, la fin d'un millénaire. La boucle est bouclée. Il va falloir repartir, recommencer, changer certaines choses. Ça ne peut plus durer. Il va falloir retrouver la sagesse qu'on a perdue, réapprendre à vivre sereinement.

Les aigles volent seuls, les moutons marchent en troupeau. Qui vit le mieux? Ce sont les aigles, quand même. Pas parce qu'ils sont les plus forts, mais parce qu'ils volent là-haut, au-dessus des montagnes, pour demeurer tranquilles. Tandis que les moutons avancent en troupeau, entourés de chiens. Ils sont chassés par le berger qui les fait aller là où il veut. C'est la différence.

L'aigle va où il veut, le mouton va où on le fait aller.

Il faut tenter de redevenir, peut-être pas un aigle, mais peut-être un oiseau qui, bien qu'il ne dispose pas d'un réfrigérateur ou d'un garde-manger, chante dès qu'il s'éveille le matin. Il n'a pas oublié que les divinités ont mis autour de nous dans la nature tout ce qu'il faut pour se nourrir, pour se soigner : pour vivre une vie de bon sens. Les moutons ne le savent plus depuis longtemps.

Pratiquement, avant de faire quoi que ce soit, il faut se poser une question : *que vais-je faire? est-ce le bon sens, est-ce la logique? Pourquoi vais-je agir ainsi?*

Le faire parce que quelqu'un, à la télévision, a dit qu'il le fallait? Non. Je vais décider seul. Vais-je acheter ceci? En ai-je vraiment besoin? Est-ce nécessaire dans ma vie? Pas vraiment. Alors, pourquoi l'acheter? Pourquoi courir, travailler plus, gagner plus d'argent alors que cela m'apportera angoisse et énervement. Et le mal de vivre.

Il faut vivre sereinement, il faut manger autrement. Plus simplement. Ne pas aller en vacances plus loin que son voisin. Ne pas vouloir une voiture plus grosse que la sienne. Ça ne rime à rien, cette course contre son ombre.

A quoi ça rime d'avoir une maison plus grande que celle de son voisin si on ne gagne pas suffisamment d'argent pour faire face aux dépenses qu'elle va engendrer? Je connais des gens dont les moyens financiers leur permettraient de rouler dans une petite voiture. Elle suffirait à leurs besoins. Le mari travaille, la femme travaille aussi, mais pour payer le crédit de la Mercédès. La petite voiture éviterait à la femme de travailler. Ce serait le bon sens, la logique.

Vous pouvez partir en vacances dans les Ardennes. Votre voisin part en Espagne. Pourquoi alors décider de partir, vous aussi, en Espagne en obtenant un crédit que vous aurez ensuite à payer l'année entière? Un an après, lorsque vous aurez fini de payer, vous recommencerez? Ce n'est pas du bon sens.

Le mari ou la femme tombe malade, il va falloir se priver dans l'alimentation, économiser le chauffage pour continuer de payer l'emprunt des vacances. Ce n'est pas sérieux.

Il faut vivre avec ce qu'on a. Il ne faut pas vivre au-dessus de ses moyens.

Il faut exercer son esprit critique, commencer par se critiquer soi-même. Il faut réfléchir avant d'agir. Ce n'est pas à la publicité de vous dicter vos règles de conduite. Courir pour satisfaire les besoins qu'elle suscite ne laisse plus le temps de vivre. Et il ne reste plus de temps pour vivre sa spiritualité. Or là est le sens de la vie.

Le sens de la vie, c'est aussi de vivre avec les autres. Or on n'a plus le temps de s'occuper des autres. On se crée tellement de besoins inutiles – créer ces besoins, c'est créer des difficultés – qu'on n'a plus le temps de parler, de bavarder en été sur le pas de la porte quand il fait beau. Il faut courir du matin au soir.

Il faudra bien changer

Il ne sert à rien de s'émouvoir des horreurs du passé pour oublier celles du présent.

Il faudra bien changer. Il y aura du changement. Mais le changement ne se fera pas comme ça, il faudra au moins une génération. Et le premier pas reste à faire. Nous devons nous y préparer pour nos enfants. Il faut y penser aux enfants. On y pense si peu.

Le matin, on y pense, en vitesse, il faut les habiller, les emmener à la crèche. On y pense le soir pour qu'ils fassent leurs devoirs. Cela ne suffit pas. Il faut penser aussi et surtout à l'avenir que nous leur préparons.

Le changement peut venir de la politique, croit-on.

Pendant trente ans, je me suis occupé d'un parti, qui n'était pas, à vrai dire, un parti comme on l'entend aujourd'hui, mais qui agissait uniquement sur le plan communal. Il ne représentait rien, en dehors de la commune. L'Union démocratique – c'est son nom – rassemblait des gens de toutes les tendances, de toutes les couleurs politiques.

Dans le petit village d'Heure-le-Romain, la politique communale consistait à acheter les voix des gens... comme des cochons. On allait voir les gens et on leur disait :

« Si vous votez pour telle liste, vous recevrez tant. Mais votez pour le premier, le troisième ou le cinquième de la liste. »

On donnait des bulletins reconnaissables et si les gens votaient comme on le leur avait demandé, ils recevaient une certaine somme. Jusqu'à quatre mille francs belges, de l'époque, c'est-à-dire de 1958. Cette pratique avait commencé juste après la guerre et elle a cessé vers 1964, au moment de la fusion des communes.

Il était alors important de pouvoir diriger la commune. Le parti des agriculteurs, des fermiers, avait pour premier souci, par exemple, d'aménager les chemins pour favoriser leur travail, ce qui n'arrangeait pas la majorité du village. Pour nous, gagner les élections – qui avaient lieu tous les six ans –, cela voulait dire faire de bonnes routes, installer un bon éclairage, etc., non pas à la campagne, mais dans le village même. Pour y parvenir, on achetait les voix, on achetait les gens.

J'allais chez les gens. J'étais mandaté par le parti communal. J'expliquais comment ça se passait dans le village. Comment on pourrait arriver à avoir de bonnes routes, un bon éclairage, un certain confort.

Je promettais de donner des récompenses. Ce que nous faisions, après les élections, à deux – il fallait un témoin pour ne pas être soupçonné de garder l'argent promis.

Il faut comprendre le contexte. Ceux auxquels nous nous adressions étaient des pauvres, des familles nombreuses et pour moi, c'était encore une façon de les aider. Les bien nantis, eux, ils savent toujours ce qu'il leur faut. Pour eux, c'était simple :

il fallait refaire la rue devant chez eux. Les indécis s'en fichaient et, puisque le vote est obligatoire en Belgique, eux, ils auraient voté pour n'importe qui, ou ils auraient mis un bulletin nul, parce qu'ils avaient d'autres problèmes : qu'est-ce que ça pouvait leur faire, les élections communales? On leur expliquait à quoi servent les élections. On leur disait :

« Vous pouvez améliorer votre vie en faisant un vote valable, et ensuite on vous donnera quelque chose pour les enfants. »

Les autres partis communaux en faisaient autant. On ne pouvait rien contre : on n'aurait pas pu prouver qu'ils achetaient les votes. En le prouvant, on aurait fait annuler les élections!

Les autres promettaient, mais ils ne payaient pas. Des agriculteurs promettaient un bon cochon bien gras. Avec sa viande, leurs électeurs auraient de la viande pour un an. Les élections passées, ils disaient :

« Vous savez, votre cochon? Il est crevé. »

Tout cela est terminé aujourd'hui, depuis la fusion communale, seuls les partis traditionnels subsistent.

Je n'ai jamais voulu avoir de responsabilités communales. La politique ne m'intéresse pas. Même sur un plan communal, la politique est la base du racisme. Si votre voisin n'a pas la même couleur politique que vous, vous ne le regardez pas de la même façon que celui qui est de votre parti. Je ne supporte pas cette attitude.

Mon but était d'avoir un village où il ferait bon vivre, où on aurait de bonnes routes, un bon éclairage, des taxes pas trop élevées et d'aider les gens qui, du fait de leur situation difficile, auraient mis un bulletin nul ou n'auraient pas voté. C'était donc aider deux fois les gens : en améliorant la situation, au village, et en leur donnant l'argent que moi je n'avais pas mais que le parti avait. En votant bien, ils s'aidaient eux-mêmes.

J'ai fait ça trente ans. Un parti adverse avait bien tenté de m'acheter. Quelqu'un de ce parti était venu me voir et m'avait proposé un million – ce qui était une somme énorme, à l'époque.

« Tu fais ça depuis vingt-quatre ans et nous n'avons jamais gagné les élections. Viens chez nous. »

J'ai, naturellement, refusé. Je suis toujours resté du même côté.

Aujourd'hui, je pense très profondément que le changement ne peut pas venir de la politique mais de notre façon de vivre.

De mon temps, on choisissait un métier et on le faisait sa vie entière. Et on vivait bien. A l'heure actuelle, un enfant, peu importe les diplômes qu'il a obtenus, devra se recycler trois, quatre fois dans sa vie professionnelle. Il ne peut plus espérer faire le même métier sa vie entière.

C'est une mauvaise chose.

Et l'exemple que nous leur donnons?

Ces besoins après lesquels nous courons, que nous voulons satisfaire : ils vont vouloir faire comme nous, nous imiter. Et ils vivront très mal.

Et le manque d'amour, le manque de tendresse dont ils ont eu à souffrir? Comment feront-ils avec leurs propres enfants?

Comment les éduqueront-ils?

Il faut avoir le courage de leur dire que nous avons mal vécu et qu'ils ne doivent pas vivre comme nous.

On ne peut, peut-être pas, revenir en arrière sur le plan technologique mais en ce qui concerne le mode de vie, on le peut.

Pour le moment, l'homme se prend pour Dieu. L'homme veut créer l'homme. Il peut faire cinquante singes identiques. Sans parler des bébés-éprouvettes. Il y a des limites à ne pas dépasser. Humainement, il y a des choses à ne pas faire. Il est grand temps de s'en convaincre, sans quoi, dans deux générations, comment nos petits-enfants vont-ils vivre ? Rien ne leur sera plus possible.

Se servir de l'évolution, se servir de la technologie, d'accord, mais pour le bien. Pas pour conditionner les individus. Pas pour leur enlever leur personnalité. Pas non plus pour faire vivre ceux qui ne sont pas à même de vivre. Pour faire vivre ceux pour lesquels le moment de mourir est arrivé. Ce n'est pas ça non plus le bien.

Combien d'établissements existent où survivent des individus qui, normalement, ne devraient plus vivre parce que le moment est arrivé pour eux de repartir gentiment ? On maintient en vie de n'importe quelle manière. C'est nous qui payons. Mais ces gens, veulent-ils vivre dans ces conditions ?

Je ne suis pas pour l'euthanasie. Mais je ne suis pas non plus favorable au maintien de la vie dans n'importe quelles conditions. Là aussi, quelque chose doit changer.

On a voté des lois sur l'avortement. Mais c'est l'euthanasie avant la naissance.

L'avortement n'est pas une affaire de gouvernement. Pas non plus l'affaire d'une loi. On ne peut pas porter atteinte à la vie. Mais si unc femme vient me voir – elle a déjà quatre enfants, son mari est au chômage – et me dit :

« Je suis enceinte d'un cinquième enfant, je n'ai pas les moyens matériels de l'élever dignement. »

Que puis-je lui répondre ? Je suis contre l'avortement mais il existe des cas spécifiques où ce n'est pas une loi du gouvernement qui peut trancher. C'est à la femme qui porte l'enfant, à son compagnon de décider en toute conscience. Après tout, prendre la pilule, n'est-ce pas déjà un avortement ?

Naturellement, un autre problème se trouve posé, celui du corps matériel et du corps astral qui a choisi de vivre une vie et qu'on enlève avant qu'elle ait eue une apparence matérielle. Quand le corps astral demande à venir repasser une vie, il décide aussi de la famille choisie. Le problème n'est pas pour nous : il est pour Dieu, pour les Grands Maîtres. A l'inverse, dans le cas d'un bébé-éprouvette, quand il aura l'âge, il aura lui le droit de reprocher à ses parents d'être venu au monde !

Ce qui est plus grave : on tue des êtres qui peut-être étaient formés pour passer une très bonne vie et, en même temps, on maintient en vie des gens qui ne devraient plus l'être. Faire vivre un handicapé profond, n'est-ce pas mettre en cause l'ordre naturel des choses, supprimer la sélection naturelle ? On fait vivre, mais au détriment de la société.

Dans un nid, voici trois oisillons. L'un est faible. Il est jeté hors du nid par les parents parce que seuls les forts doivent vivre. Cette loi, ce n'est pas moi qui l'ai établie, ce sont les Grands Maîtres. Comment voulez-vous que l'âme d'un handicapé mental progresse et évolue dans cette vie-ci ? Il vit parce qu'on le fait vivre.

Des gens viennent me voir :

« Mon fils (ou ma fille) est dans le coma depuis deux ans. Je vous en supplie sortez-le (ou la) du coma. Je sais que vous le pouvez, combien de fois ne l'avez-vous pas fait? Faites-le une fois de plus. »

Je leur réponds :

« J'ai sorti des gens du coma, c'est vrai. Souvent, c'est vrai. Beaucoup, c'est vrai. Mais voyez les choses en face; à partir du dixième, du douzième jour de coma, des cellules du cerveau commencent à se détruire. C'est inévitable. Voilà deux ans que votre fils (ou votre fille) est dans le coma, il va en sortir comment? Pourra-t-il encore parler, pourra-t-il vous voir ? Pourra-t-il encore remuer les bras, les jambes ? Qui peut dire le nombre de cellules du cerveau détruites ?

« Si je sors votre fils du coma, il achèvera sa vie sur un lit, comme une plante, sans pouvoir parler, bouger, voir, il fera ses besoins sous lui. Au bout de cinq ans, vous-même le supporterez-vous ainsi ? Après dix ans ? Et lorsque vous ne serez plus là, qui s'en occupera ?

« Et votre enfant, s'il pouvait parler, voudrait-il vivre dans de telles conditions ? »

Parce qu'on me le dit bien :

« Faites-le moi revenir dans n'importe quelles conditions. »

J'explique. On me répond :

« Qu'importe, je veux le ravoir. »

Dans 85 % des cas, quand je l'ai expliqué aux parents, ils me répondent :

« Dans ce cas, monsieur Théwissen, pouvez-vous faire quelque chose pour qu'il retourne gentiment. »

Dans 85 % des cas, c'est ce qu'on me dit.

Il faut être, il faut rester humain.

Donner aux autres

Moi qui côtoie toutes les misères humaines, je sais qu'il en est peu qui guérissent en un jour.

Être humain, c'est donner aux autres. Et vous pouvez donner quand vous-même vous n'avez pas besoin.

On peut donner même quand on n'a rien. On peut écouter celui qui a besoin de parler. Donner un conseil ne coûte rien.

J'ai été en manque d'affection important. Cela m'a permis de donner aux autres tout ce que je n'ai pas reçu.

Pas mal de gens à qui je donne ne me donnent rien en retour. Certains, même, me donnent de la méchanceté en retour. Mais la patience est une fleur qui ne pousse pas dans les jardins. J'ai quand même, dans ces cas, semé quelque chose et un jour, il y aura des résultats. On ne peut pas avoir reçu beaucoup et ne plus y penser. Un jour ou l'autre, on s'en souviendra. Ce que j'ai semé poussera. Le bien qu'on fait n'est jamais perdu. Il faut savoir attendre.

L'apport le plus important, pour moi, a été mon mariage avec Bernadette. Connaître le bonheur, dans sa vie, est extraordinaire, surtout quand on en a manqué pendant tant d'années et qu'on le découvre.

Cela me permet de parler du bonheur de la vie en couple. Une vie de couple, c'est comme deux oiseaux qui volent côte à côte vers le même but, la même direction, en gardant un minimum d'autonomie chacun. Attachez deux oiseaux ensemble. Ils ont quatre ailes. Mais ils ne peuvent plus voler.

Dans le couple, il faut respecter la liberté de l'autre et avoir une confiance totale l'un en l'autre.

C'est un partage total. Partager ce qu'on apporte soi-même et partager ce que le partenaire apporte.

C'est la tolérance. C'est surmonter les petites contrariétés qui surgissent souvent où commence la liberté de l'autre. Autrement, c'est la guerre de Trente Ans qui démarre.

Beaucoup de couples se défont faute de dialogue. Ils ne se parlent plus, ils ne se connaissent plus. Ils n'ont plus le temps. L'incommunicabilité s'installe dans le couple. Comme dans les relations avec les enfants. Très jeunes, ils sont livrés à eux-mêmes. Faute de temps, comme je l'ai dit, les parents ne s'en occupent plus suffisamment. Puis les enfants font des études, obtiennent des diplômes qui ne leur serviront à rien. Ils s'inquiètent de leur avenir tout en rejetant le mode de vie de leurs parents. Mais ils n'ont rien à y opposer, ils ne savent pas inventer autre chose. A seize ans, ils ont une mobylette, à dix-sept une moto, à dix-huit une voiture mais ça leur sert à quoi ? Il n'y a personne pour le leur dire. Parce qu'au nom de la liberté, on ne leur dit plus rien, on les laisse faire.

Dans un autobus étaient assis une vieille femme avec, à côté d'elle, un jeune homme et face à elle une maman avec son fils d'environ huit ans. Le gamin s'amusait à donner des coups de pied dans le siège de la vieille dame puis, bientôt, dans ses jambes.

« Arrête, dit la vieille dame, tu me fais mal, mes jambes me font souffrir. »

Le gamin continue. La vieille dame s'adresse alors à la maman et lui demande de faire cesser son fils.

« Ah mais non, répond la maman. Mon fils est grand, il a la liberté de faire ce qu'il veut. »

Et le gamin continue. Ce que voyant, le jeune homme assis à côté de la vieille dame se tourne vers la maman... et lui crache au visage. Hurlements de la femme, scandalisée.

« Vous êtes fou? Qu'est-ce qui vous prend?

– Je ne suis pas fou, madame. Ma maman aussi m'a dit que j'étais libre de faire ce que je voulais », répond le jeune homme.

Je pense, moi, que la liberté de l'un commence avec le respect de l'autre. Sans un minimum de discipline, il n'y a pas de vie convenable possible. Respect, discipline manquent aujourd'hui le plus. Les parents n'en sont pas seuls responsables. Ils subissent ici les conséquences de la vie difficile que la société leur fait mener. Ils n'ont plus le temps d'apprendre à leurs enfants ce qu'on ne leur a pas appris.

Le temps est venu d'expliquer aux adolescents qu'ils ne doivent pas commettre avec leurs enfants les erreurs que nous avons commises avec eux.

Les gens de ma génération n'ont pas eu un vélomoteur à seize ans, une voiture à dix-huit ans, de l'argent plein les poches pour sortir le dimanche. On était plus serrés que maintenant où les jeunes obtiennent tout sans le moindre effort. On croit qu'en leur donnant tout, on les rend plus heureux. Le sont-ils ?

Un jour, je reçois un jeune homme de vingt-trois ans. Il commence par me dire qu'il vient de passer trois ans en prison. Et il me demande :

« Vous ne me mettez pas dehors?

– Pourquoi vous mettrais-je dehors?

– Parce que je sors de prison.

– Je suis là pour recevoir et aider les gens, non pour les juger. Mais expliquez-moi, pourquoi êtes-vous allé en prison? »

Et il me raconte qu'il est le fils d'importantes personnalités. L'argent ne manquait pas chez lui, au contraire. Chaque fois qu'il manifestait le désir d'un peu de tendresse, d'un peu d'affection de ses parents, la réponse était toujours la même :

« Pas le temps, tu vois bien que je travaille, prends ces cinq mille francs et va t'amuser dehors. »

Qu'elle vienne du père ou de la mère, la réponse était toujours identique. Il a donc recherché de l'affection dehors, auprès de copains de son âge, lesquels s'intéressaient autant à lui qu'à son argent. Ils ont commencé à fumer du haschisch, ils ont continué avec des drogues dures, de plus en plus dures. Grâce à son argent, le jeune homme pouvait alimenter ses amis. C'est ce qui l'a fait prendre. La police l'a arrêté, soupçonné d'être un « dealer », il a été condamné à trois ans de prison. Après sa remise en liberté, il est rentré chez lui. Là, changement de ton, ses parents ne voulaient plus de lui, il était devenu le déshonneur de la famille, ils l'ont chassé. Quand il est venu me voir, il était rejeté par tous.

Je me suis souvent demandé : qu'aurais-je fait, que serais-je devenu si chaque fois que je recherchais un peu d'affection auprès de mes parents, ils avaient répondu en me donnant de l'argent?

Chasser ce jeune homme, c'était le plus facile pour les parents, c'était sur lui qu'ils rejetaient leur propre responsabilité. Accuser l'autre, même leurs enfants, les gens en prennent l'habitude.

« Je suis malade, me dit cette femme.

– Pourquoi?

– Parce que ma fille sort avec un garçon que je n'aime pas. Je lui ai dit qu'il ne lui convenait pas et elle sort pourtant encore avec lui. Je suis en pleine dépression à cause de ma fille.

– Madame, ai-je répondu, vous êtes-vous posé la question : qui va épouser le jeune homme ? C'est vous ou votre fille ?

– C'est elle, mais il ne lui convient pas.

– C'est votre avis. A supposer que ce soit vrai, elle s'en rendra bien compte un jour ou l'autre.

– Oui, mais il sera trop tard.

– Non, madame, n'avez-vous jamais commis d'erreurs vous-même ? Avez-vous toujours écouté vos parents ? Sur ce plan-là, le plan affectif, allez-vous choisir le mari de votre fille ? Ne devriez-vous pas y réfléchir ?

– Mais à moi, autrefois, on m'a parlé comme ça. »

Le vrai problème des gens, c'est de vouloir rendre responsable de leurs maux quelqu'un d'autre. Là, c'étaient les parents de cette femme.

J'aime les animaux, mais, là aussi, il y a des devoirs à respecter.

J'ai un chien et un chat. On peut, certes, vivre sans animaux. A quoi bon en avoir si on ne les traite pas comme ils doivent l'être. On n'a aucun droit à leur égard. On n'a que des devoirs. Quand on adopte un chien ou un chat, si on veut avoir une compagnie, il faut les traiter avec le plus grand respect. Chaque animal renferme, lui aussi, tout le mystère de la vie, au même titre que nous. Les gens, souvent, estiment avoir des droits sur les animaux. Ils oublient trop souvent leurs devoirs.

J'ai d'abord pris Gamin, un teckel. Attaché au bout d'une lourde chaîne, il tournait au fond d'une prairie. La Société protectrice internationale a été le saisir et pour ne pas qu'on le pique, nous l'avons pris avec nous Bernadette et moi. Il nous a rendu ce geste des milliers de fois par son affection.

Quant à notre chat, Poupouce, la première fois qu'il s'est présenté sur le trottoir, âgé de moins d'un mois, il titubait, il ne tenait pas sur ses pattes. Sa maman non plus. Tous deux étaient proches de mourir de misère. La mère devait, sans doute, avoir mis bas depuis peu et le reste de la nichée avait dû mourir. Bernadette leur a donné du lait, de la viande. La maman n'a pas laissé le petit manger. Elle a d'abord mangé elle-même. Ce qui a perturbé mon épouse ; elle n'avait pas compris les lois naturelles. Dans l'esprit du chat, si l'un des deux pouvait sauver sa vie – la mère –, elle pourrait s'occuper ensuite du petit. Si elle laissait manger le petit et qu'alors elle-même mourait, le petit n'aurait pas pu survivre seul sans l'éducation de sa maman. Elle a d'abord mangé, elle, puis elle a laissé manger le petit.

Ils sont revenus le soir. On leur a redonné à manger. Elle s'est une fois encore nourrie la première et ensuite le petit. Le lendemain matin, à leur retour, elle a laissé le petit manger en même temps qu'elle parce qu'elle savait que nous allions les nourrir régulièrement.

Poupouce et Gamin étaient voués à une mort certaine. J'ai accepté de les prendre tous deux. J'ai donc pris cet engagement envers eux : ou j'ai de la considération pour eux ou alors, je ne les prends pas.

Il existe des lois naturelles que nous oublions. Ou bien vous êtes assez fort pour vivre ou bien vous ne vivez pas. Les chiens sont domestiqués, les chats aussi. Lorsqu'ils sont habitués à vivre dans les maisons, il faut respecter leurs habitudes. Ce qui n'est pas normal avec les animaux qu'on a pris, c'est de ne pas leur donner le nécessaire. Un chien qui erre, c'est un chien qui a été abandonné. Quelqu'un l'a adopté puis n'a pas respecté ensuite ses obligations. Un chien qui n'est pas domestiqué, c'est un renard ou c'est un loup. Un renard, un loup ont une autre vie qu'un chien. Chez les renards et les loups, lorsqu'un petit est trop faible pour survivre, qu'il n'aura donc pas la possibilité de vivre la vie telle qu'il devrait l'avoir, les parents le suppriment à la naissance. Ce sont les lois naturelles. Nous, en les adoptant, nous prenons l'engagement de les faire vivre! C'est notre devoir.

A votre enfant, vous avez le devoir d'apprendre qu'un village, qu'un ménage, même lorsqu'on n'y vit qu'à trois, c'est une communauté. Une communauté ne peut vivre que dans le respect mutuel et que s'il y règne une discipline respectée par tous. Une vie commune ne peut se dérouler que dans ces conditions.

Dans un ménage, c'est la même chose.

Les parents pensent avoir tous les droits à l'égard de leur enfant. Ils oublient qu'ils ont surtout des devoirs. Le premier de leurs devoirs est de lui donner une bonne éducation.

Donner une bonne éducation à son enfant lui évitera bien des problèmes.

Mais il faut en avoir le temps.

On en revient au même point.

A quatorze ans, quand j'ai commencé à travailler, le travail légal durait quarante-huit heures par semaine. Moi, j'en faisais soixante à soixante-dix, mais c'était particulier.

Maintenant, le travail dure trente-six heures, douze heures en moins par semaine. Mais personne n'a expliqué à personne comment employer ce temps libre. Et les gens ne savent pas s'en servir.

Je suis convaincu que si les gens apprenaient à se nourrir mieux, à ne plus courir sans cesse, à prendre le temps de vivre, il y aurait cinquante pour cent de malades en moins.

Il faut réapprendre à vivre, réapprendre à parler. Pas parler pour ne rien dire : avant d'ouvrir la bouche, il faut savoir si ce qu'on va dire est mieux que le silence. Il faut réapprendre à parler d'amour. Oui, parler d'amour.

Votre nouvelle voiture, le lieu où vous avez passé vos vacances, les autres s'en fichent. Ça ne les intéresse pas.

Mais si vous rencontrez quelqu'un, que vous connaissez ses qualités, dites-lui que vous l'aimez. Dites-lui que vous éprouvez de la sympathie pour lui. Établissez un contact avec lui, qui créera des liens. Vous vous sentirez mieux... et lui aussi, d'ailleurs. Il aura envie de vous le dire.

Souvent, j'entends :

« Je ne peux pas changer le monde à moi seul. »

Tant que les gens répéteront cela, rien ne changera. S'il faut que quelqu'un commence, pourquoi pas moi ?

Il est temps de dire ces choses-là, et j'espère que ce livre servira à faire passer ces idées.

Vivre sa spiritualité positive

Le bien ne fait pas de bruit, le bruit ne fait pas de bien. Mais le bruit est relatif. Dans une ville, c'est un avion volant bas. Dans un monastère, c'est une plume qui crisse sur le papier.

S'épanouir, tel est le vrai bien-être. En prenant le temps de vivre une spiritualité.

On ne peut vivre une vie physique et matérielle sans vivre une spiritualité positive.

On ne peut pas vivre sa spiritualité sans penser à la vie matérielle et physique. Il faut les vivre ensemble. *Un esprit sain dans un corps sain.*

Il faut réinculquer le bon sens et la logique. Alors, on est prêt à renoncer au superflu.

Les gens ont trop tendance à s'occuper plus des autres que d'eux-mêmes. Ainsi que je l'ai déjà dit, la Vérité est en nous. Il faut donc se recentrer sur soi-même et renoncer à copier les autres.

S'occupant des autres, on copie leur manière de vivre, leur manière de faire et on oublie de contrôler sa propre manière de vivre, sa manière de faire. Là est le danger. Nous sommes des assistés. Nous ne pensons plus par nous-mêmes. On nous fait penser ce qu'on veut que nous pensions. Les gens s'y laissent prendre. La tâche est plus facile. Il n'y a qu'à laisser aller. Faire ce qu'on vous dit. Ça ne va plus ? Ce n'est pas de ma faute. J'ai fait ce qu'on m'a dit, ce que font les autres. Il n'y a plus rien à se reprocher. Ce n'est pas ma faute, ce sont les autres.

Il faut se responsabiliser. Car, à 80 %, les gens sont responsables de leur mal-être. S'ils voulaient se reprendre en main, demain il y aurait 50 % de malades en moins.

Vous prenez une décision, vous échouez ? Vous n'avez à vous en prendre qu'à vous-même. Vous auriez dû plus réfléchir. Vous ne rendrez personne responsable et ça ne vous rendra pas malade.

Vous avez commis une erreur ? Ne vous en prenez qu'à vous-même. Et remédiez-y. Au lieu de quoi, aujourd'hui, votre échec, vous l'imputez aux autres : j'en veux aux autres. Vous vous en persuadez, ça vous rend malade.

Mais, non ! C'est votre responsabilité.

Le monde s'est amélioré sur un plan technologique, au point de vue évolution. Mais l'individu, lui, ne s'est pas amélioré. Il a capitulé, s'est laissé conduire, ce qui est plus facile que se battre.

Ça va changer. Malraux l'a dit : le XXIe siècle sera spirituel ou ne sera pas. Le nombre des gens qui ne sont plus satisfaits de leur façon de vivre est astronomique. Ils veulent trouver autre chose, ils veulent que cela change. C'est un signe qui ne trompe pas.

Ils n'ont pas encore trouvé le sens que doit prendre ce changement. Ils le veulent pour l'instant, mais sans savoir encore ce qu'il faut mettre à la place de ce qui existe. Précisément parce qu'ils sont conditionnés.

Il est grand temps que quelqu'un le leur dise.

Quand on le leur dira, cela changera. Comment faire? C'est là qu'il faut les aider, c'est là que notre rôle est important. Expliquer sans imposer, pour que chacun avec son bagage, avec son niveau d'évolution adapte les réponses à sa personnalité. Certains changeront d'une manière, d'autres d'une autre manière. Mais ensemble, ils feront que ça ira mieux.

Il y a des limites infranchissables. Cela ne peut plus aller plus mal. Aller plus mal consisterait à détruire la planète. Regardez les conséquences de la pollution!

J'ai reçu deux millions de lettres parce que je devais les recevoir. Et ce n'est qu'un début.

A ma connaissance, d'après ce qui m'a été dit à la télévision, seule Ménie Grégoire, qui tenait une rubrique sur RTL, avait reçu un courrier comparable : deux cent mille lettres par an. Elle y est restée longtemps. A TF1, deux ou trois guérisseurs m'ont précédé. Celui qui en a reçu le plus, ça a été soixante mille. Plus d'un million et demi en six mois, ce n'est arrivé à personne d'autre qu'à moi!

Je rattache cet envoi massif au mal-être général, au besoin de spiritualité, à la recherche d'un « autre chose » encore indéterminé par ces gens.

Il est possible que certains de mes préceptes ressemblent au discours que tiennent des Églises. Mais il ne suffit pas d'en parler, il faut les mettre en pratique.

Les religions répètent depuis des centaines d'années des phrases types. Mais sans s'être adaptées à notre société. Aujourd'hui, le mal de vivre doit être abordé en priorité. Aucune religion n'en parle.

« Je suis mal dans ma peau », disent les gens. Les religions ne leur répondent pas, elles ne disent pas qu'il faut changer leur manière de vivre, leur manière de penser. Leurs réponses ont été établies il y a des siècles.

Avant de trouver un sens à l'existence, plus tard, il faut vivre mieux maintenant. Si je vis mieux aujourd'hui, je peux penser à plus tard. Ce qu'il y a à dire, c'est ici et maintenant.

Vivre mieux maintenant.

Autrefois, le dimanche matin, les gens allaient à l'église et on leur disait ce qu'ils avaient besoin d'entendre. Maintenant, ce n'est plus possible.

On ne reviendra jamais plus à ces temps-là. Ce ne serait pas un bien, d'ailleurs.

De notre civilisation actuelle, gardons ce qui est bien et rejetons ce qui ne l'est pas.

La vie a changé, les valeurs ont changé.

L'école n'est plus ce qu'elle était parce que les enseignements ne sont plus ce qu'ils étaient.

Les gosses voient à la télévision leurs instituteurs, leurs institutrices, leurs professeurs qui manifestent, qui bloquent des carrefours parce qu'ils ne sont pas satisfaits de leurs traitements ou je ne sais trop quoi. Comment peuvent-ils avoir encore du respect pour eux? Là aussi, il y a à changer.

Il y a trente ans, le curé, le médecin, l'instituteur étaient les personnalités du village. Devant eux, on ôtait son chapeau. Être curé, médecin ou instituteur était une vocation. Aujourd'hui, non, c'est devenu un métier.

J'ai constaté cette évolution. J'y ai réfléchi. Je continue d'y réfléchir. Se plaindre de ce qui ne va pas n'y change rien. En faire étalage ne suffit pas. Il faut chercher des solutions. C'est mon but depuis longtemps. Je ne me plains pas, ça ne sert à rien, je cherche des solutions.

Je vis comme je souhaiterais que les gens vivent. J'ai écrit un fascicule que je conclus en disant :

« *Ah, si vous pouviez rêver comme moi je vis.* »

Pourquoi rêver avant de vivre ? Parce qu'avant de le vivre, il faut d'abord en rêver. D'abord rêver pour s'y habituer. Rêver veut dire y penser. Penser à quelque chose, c'est d'abord en rêver.

Quelqu'un sans rêve n'a aucun but.

Tout le monde a un rêve profond. Un but profond qu'il voudrait atteindre. Les gens se battent pour des rêves. Pour certains d'entre eux, ça restera un rêve. Mais le rêve les aura aider à vivre. Le rêve était profond en eux de vouloir faire telle ou telle chose. Même s'ils ne parviennent pas à le réaliser, le rêve les aide à vivre. C'est pour cela que j'ai écrit : « Si vous pouviez rêver comme moi je vis. » Si déjà vous y rêvez, cela vous donnera l'envie de changer.

Je vis de plus en plus simplement. Je ne me pose plus tellement de questions. Ce que je fais, je le fais pour aider les autres. Je ne cours pas derrière le troupeau, le troupeau ne m'intéresse pas. Je vis comme je vis, moi. Simplement. Vivre simplement, c'est manger sainement, proche de la nature, vivre sans courir.

Quand je fais quelque chose, je ne pense pas à ce que j'ai fait auparavant, je ne pense pas à ce que je devrai faire après, je ne pense pas à ce que j'aurais dû faire et que je n'ai pas fait.

Quand je fais quelque chose, je ne pense qu'à ce que je fais. Et je m'amuse comme un enfant. Et je le fais bien. Et je n'ai pas à le refaire après.

Si je devais penser à ce que je n'ai pas fait avant, je m'ennuierais. Parce que je me dépêcherais de le faire. En pensant à ce que je dois faire après. Et je le ferais mal.

Je ne fais qu'une chose à la fois. Je prends le temps pour tout. Demandez à ceux qui vivent autour de moi. M'ont-ils déjà vu courir ?

Être soi-même, quoi qu'il en coûte. Sans se soucier de l'opinion des autres.

Ma notoriété ne doit pas me changer.

Tout est relatif.

Il suffirait que, pendant six mois, la télévision et les médias ne parlent plus de moi pour qu'on m'oublie. La notoriété ne signifie rien.

Être soi-même, quoi qu'il en coûte.

Je pars de chez moi, je chante ; je sors de ma voiture et je chante. De temps en temps, je chante en riant parce que les gens se retournent en me croisant et disent :

« Il est dingue, ce type. Il chante tout seul dans la rue. »

Je suis un des rares à chanter en marchant sur les trottoirs.

« Il n'est pas droit ce type », disent les gens.

Je me lève le matin, je sors du lit, je descends l'escalier en chantant. Je sors de chez moi, je chante.

Je me réveille, le matin, j'ouvre les yeux, je respire, je peux bouger, il y a une journée toute nouvelle, on n'y a pas encore touché, un miracle extraordinaire, un miracle qui se reproduit tous les jours, comment voudrait-on que je ne chante pas ?

Le soir, en me couchant, il y en a tant que j'ai pu aider, pour qui j'ai pu faire quelque chose, c'est extraordinaire ! Eh bien, cinq minutes après, je dors. C'est extraordinaire. Une journée bien remplie. J'ai aidé les autres. Et le lendemain, ce sera pareil. On ne peut pas demander mieux.

Il y a des jours où on a envie de se réveiller à 4 heures du matin pour aller secouer les arbres et réveiller les oiseaux.

Oui.

C'est ça, vivre pleinement chaque instant.

Vivre chaque instant, tout le monde le vit, bien ou mal. Mais vivre *pleinement chaque instant...*

Les médecins ne sont pas nos ennemis

Mettez vos talents dans vos œuvres
et votre génie dans votre vie.

Ma pensée, c'est la pomme dont je suis
le pommier.

Je ne suis pas en bagarre avec les médecins, au contraire. Ce que je fais depuis quarante ans, je l'ai toujours fait en accord avec la médecine traditionnelle pour une très simple raison. Elle peut faire des choses que je ne peux pas faire : elle peut opérer, une coxarthrose par exemple, elle peut mettre une prothèse. Elle peut prescrire des médicaments. Moi, je n'ai pas suivi pendant huit ans des cours à l'université.

La médecine peut faire des choses que je ne sais pas faire. Je peux faire des choses que la médecine ne sait pas faire. Les deux ensemble, médecine et spiritualité, si on les réunit comme il y a trois siècles elles l'étaient, elles accomplissent des miracles tous les jours.

Lorsque la médecine devient impuissante, lorsqu'elle a mis en œuvre tous les moyens dont elle dispose et qu'elle n'obtient pas de succès, lorsque le malade vient chez moi et que j'ai un résultat et qu'ensuite la médecine obtient elle aussi des résultats, on peut dire qu'à nous deux, nous faisons des « miracles ».

Je ne conçois pas de pratiquer ma vocation sans l'aide de la médecine traditionnelle. Les deux se complètent.

Si j'ai obtenu de si bons résultats, c'est parce que j'ai toujours travaillé en collaboration avec la médecine traditionnelle.

Trop de gourous, spirites, médiums répètent :

« Ne vous occupez pas de ce que dit votre médecin, je m'occupe de tout. Cessez votre traitement, il n'est plus nécessaire. Je vais tout arranger. »

Ceux qui disent cela devraient être enfermés. Ce sont parfois des malfaisants, parfois même des assassins. Parfois aussi des escrocs.

Il y a peu de temps, un homme est venu me voir et m'a dit :

« Voilà, je suis allé voir un guérisseur et je lui ai dit que j'avais une tumeur.

– Et que vous a-t-il répondu ?

– Il m'a confirmé que j'avais une tumeur au foie de huit centimètres de long. Je lui ai expliqué que le médecin préconisait une opération. Il m'a répondu : " Pas du tout, laissez tomber ça. Moi, je peux faire un autre travail pour vous, ça va vous coûter tant. Si vous me versez cette somme, je vous promets que dans huit semaines tout est terminé. " C'est ce que j'ai fait. »

Et l'homme est retourné voir le guérisseur huit semaines plus tard qui lui a dit :

« Eh bien, ça y est, vous êtes guéri. »

Naturellement, il s'étonnait de ne rien avoir ressenti de différent, rien ne s'était manifesté qui aurait pu lui laisser croire qu'il était guéri. C'est pour cette raison qu'il m'avait téléphoné. J'ai accepté de le recevoir immédiatement. Il m'a tout raconté. Je lui ai parlé franchement :

« Moi, je ne peux vous donner qu'un conseil.
– Lequel?
– Repassez une radio.
– Une radio? Pourquoi?
– Parce que pour moi, la tumeur est toujours là. Elle a même évolué, elle a grossi.
– Mais j'ai payé tant et le guérisseur m'a dit qu'il n'y avait plus rien.
– Monsieur, faites-moi plaisir, pour me rassurer moi... et pour vous sécuriser. Passez une nouvelle radio et si ce guérisseur a raison, on vous dira que la tumeur a disparu. »

Le lendemain, il a passé une radio. Hélas, la tumeur était toujours là. De neuf centimètres au lieu de huit. Le malade m'a rappelé, tout à fait désemparé, on le comprend :

« Monsieur Théwissen, qu'est-ce que je fais?
– Votre médecin ne vous a-t-il pas conseillé de l'enlever?
– Oui.
– Ne traînez donc pas, suivez son conseil, faites-vous opérer. Et moi je vais faire un travail de mon côté. Et à deux, on arrivera à un bon résultat. »

Il s'est fait enlever la tumeur. Aujourd'hui, il va très bien, tout danger est écarté.

Il y a trop de faux gourous, de faux mages, de faux spirites, de fausses voyantes. Moi, je travaille de concert avec les médecins traditionnels.

Depuis cette émission sur TF1, j'ai reçu plus de sept cents médecins et chirurgiens de Belgique, de Suisse, de France, d'Italie..., d'une dizaine de pays. Ils viennent discuter avec moi.

« Monsieur Théwissen, je vous ai vu à la télévision. Vous n'avez pas dit grand-chose pour vous mettre en avant. Mais après avoir écouté des témoignages sur ce que vous faites, j'ai voulu parler avec vous. »

Je parle avec eux, je réponds à leurs questions, toujours un peu les mêmes. Avez-vous des dons? Comment et pourquoi obtenez-vous des résultats? En général, ces conversations se déroulent toujours bien. Ils me soumettent des cas qu'ils ont rencontrés, me parlent de malades en traitement chez eux, me demandent ce que je ferais à leur place. C'est un test, en quelque sorte, auquel ils me soumettent. C'est évident et je le conçois aisément.

Plus d'une centaine de ces « consultants » m'ont écrit, à la suite de nos rencontres, et restent en contact avec moi. Certains me téléphonent régulièrement.

En revanche, mes rapports avec les guérisseurs ne sont guère bons.

Ma mère aussi guérissait. Mais je crois que la plupart de ses « malades » n'en étaient pas, comme certains, d'ailleurs, qui viennent me voir et à qui je dis :

« Vous n'avez pas besoin de moi. Dans un cas comme le vôtre, l'organisme réagira seul, sans moi. »

J'ai tellement de choses à faire que perdre mon temps à des simagrées ne vaudrait pour personne.

L'organisme réagit à toutes les maladies. Et en bien, le plus souvent. Ne pas le reconnaître serait malhonnête. Il faut le dire aux gens. Les médecins traditionnels le disent aussi.

J'ai un médecin de famille, comme tout le monde. Et nous sommes en bons termes.

Mais, même dans la région, il en existe qui ne me supportent pas. Ils ont l'impression, quelque part, que je leur ôte le pain de la bouche. Je leur vole des clients. Ils ne supportent pas que je fasse des choses qu'eux ne parviennent pas à faire. Ils considèrent qu'avec leurs années d'études à la faculté, ils possèdent la science infuse et que moi, sans université, je suis un imbécile.

Depuis longtemps, j'accepte les gens tels qu'ils sont, y compris les médecins. Les hommes ont chacun leur tempérament, leur caractère. Moi, je ne me soucie pas de cette attitude. J'envoie des gens consulter les médecins traditionnels, quelques-uns font de même avec moi. Tout aussi régulièrement.

Que toute la presse belge et une partie de la presse française aient consacré des pages entières sur moi alors qu'eux n'y ont pas eu droit a évidemment suscité des jalousies.

Vingt-sept procédures ont été engagées contre moi. Elles ont été classées sans suite, avec la mention : « Honorablement connu des services de la police judiciaire. »

Mes relations avec les guérisseurs sont mauvaises. Je n'aime pas les mauvais guérisseurs. Il y en a de bons. Ils sont rares. Ce que je sais d'eux, ce sont mes malades qui m'en parlent : pour s'en plaindre.

« Je suis allée voir un guérisseur. Monsieur ou madame Untel.

– Il vous a guéri ?

– Bah, non, il n'y a pas eu de changement.

– Je peux vous poser une question indiscrète ?

– Bah, oui.

– Vous a-t-il demandé des honoraires ?

– Oui, il a été très convenable, il m'a demandé mille francs (ou deux ou trois mille). Qu'en pensez-vous, monsieur Théwissen ?

– Je n'en pense rien, chacun prend ses responsabilités, je ne juge personne, mais un guérisseur qui prend des honoraires est un faux guérisseur. »

Demander des honoraires est une des raisons qui m'ont fait dire qu'il s'agit d'un faux guérisseur.

Tout guérisseur n'est pas initié. Il en est qui possèdent des dons qu'ils reçoivent à la naissance pour faire certaines choses. Ils soignent d'instinct.

Or un don ne se monnaye pas! Un don, quand on l'a, signifie qu'on a une mission à remplir, qu'on a à aider les autres. Et vous n'avez pas à vous faire payer pour ça.

Je suis artiste-peintre. J'ai des dons pour peindre. Mais c'est un métier. La peinture n'a jamais guéri personne d'aucune maladie. On est peintre ou on ne l'est pas, on a le don de pouvoir peindre ou on ne l'a pas. Mais on n'est pas guérisseur parce qu'on a le don de peindre.

Des individus ont le don de la musique. Celui qui l'a deviendra musicien. Il sera payé pour cela. La musique n'a jamais guéri personne. On ne fait pas de musique pour aider les autres. Le don reçu pour faire de la musique ne fait pas de vous un guérisseur.

Le don de guérison, qui est spécifique, doit être mis au service des autres gratuitement. On ne peut pas gagner sa vie avec ce don. C'est ce qui est particulier à ce don qui ne doit pas être confondu avec le don de peindre, avec le don de faire de la musique.

A partir du moment où il demande des honoraires, le guérisseur perd ses dons. Je suis formel.

La médecine, c'est autre chose. On fait des études longues pour devenir médecin, elles coûtent très cher, installer un cabinet coûte aussi très cher. Il est normal qu'un médecin vive ensuite de son métier.

Les guérisseurs qui guérissent et ne se font pas payer pour ça, je les respecte. En revanche, ceux qui profitent du malheur des gens, de leur peine, de leur douleur pour leur extorquer de l'argent en leur promettant de les aider, ceux-là je ne veux pas en être complice. Ce sont des profiteurs.

Un guérisseur reçoit une femme qui s'inquiète de l'état de santé de son mari :

« Madame, je vois de vilaines choses pour votre mari. Il va mourir dans l'année. Si vous voulez que je vous aide, ça vous coûtera vingt-cinq mille francs. »

Naturellement, la femme est effondrée, vingt-cinq mille francs pour garder son mari, elle est prête à les payer. Elle les paie. Un mois après :

« C'est plus difficile que je ne le pensais. C'est mal parti. Il faudrait que je fasse un autre travail. Il me faudrait autant d'argent que la première fois. C'est la vie de votre mari qui est en jeu. »

Et il prend l'argent de la pauvre femme.

Un mois après, nouvelle visite. Comme le guérisseur sait qu'il a pris tout l'argent dont la femme pouvait disposer, il lui dit :

« Écoutez, c'est formidable, votre mari est sauvé, ça a réussi, vous pourrez le garder ! »

La pauvre femme a versé une somme énorme pour elle, pour quoi ? Pour du mensonge. Le guérisseur lui a vendu de la crainte, de la panique. Je n'appelle pas ça un guérisseur, j'appelle cet homme un escroc, on devrait l'enfermer. Chaque fois que je l'ai pu, je l'ai dit publiquement. Le conseil de l'ordre des médecins qui pourchasse certaines personnes pour exercice illégal de la médecine ferait beaucoup mieux de constituer une commission de contrôle. Vous vous déclarez guérisseur ? Vous allez passer devant la commission, on va vous interroger et vous ferez devant elle la preuve de ce que vous pouvez.

Un tel contrôle permettrait déjà d'éliminer pas mal de faux prophètes et de charlatans. Hélas, ce n'est pas ce qui se pratique.

Le succès de ces derniers vient du besoin de contact que les gens éprouvent. Ils ont besoin d'être écoutés. La plupart des médecins n'ont pas de temps pour leurs patients. A la consultation, un patient se déshabille pendant que l'autre prend son ticket, que le troisième se rhabille, que le quatrième est en train de payer et que le cinquième attend son ordonnance. Les gens souhaitent autre chose. Alors, ils vont chez le guérisseur. Chez la voyante.

Les faux guérisseurs sont plus flatteurs. Ils semblent prendre part à la peine de leur client, ils paraissent attentifs à lui.

« Il m'a écouté parler, il m'a dit qu'il m'en sortirait... » répétera-t-il.

Quant aux voyantes et voyants, il y en a un sur mille qui voit vraiment. Voit-il vraiment, ne serait-ce que consciemment ou inconsciemment, celui qui le consulte organisera ensuite, après la visite, sa vie en fonction de ce qu'il a entendu. Le voyant porte atteinte à la liberté.

Je pratique l'hypnose mais en prenant des précautions. Je veux toujours que la personne vienne accompagnée car, dans la plupart des cas, les gens n'aiment pas cette idée.

« Revenez avec votre mari ou votre femme ou votre mère, mais accompagné. »

Ils reviennent et me préviennent :

« Je sais ce que vous allez me faire mais j'aime autant vous dire que je ne me laisserai pas faire, je ne veux pas me laisser endormir.

– C'est votre droit. Je vais vous endormir quelques minutes seulement parce que c'est nécessaire dans votre cas. »

Je le fais. Dans le cas d'une forte dépression nerveuse, ça aide. Je n'aime pas non plus parce que mettre sous hypnose, c'est mettre la personne sous ma domination. J'impose ma volonté par l'esprit, donc je fais un lavage de cerveau, j'ordonne de ne plus penser à telle ou telle chose négative, de penser plutôt à des choses positives, agréables, puis je réveille le malade. C'est tout. Il est très bien quand il revient à lui, un peu dans le vague pendant quelques minutes. Lui, ça va, mais moi, ça me vide littéralement. Mais je me recharge dans le magnétisme ambiant.

Tension, détente, comme dans les arts martiaux.

Lorsqu'on apprend à se relaxer, le moniteur dit : « Détendez-vous. »

Que fait-on?

On bande ses muscles très fort puis on les relâche. C'est-à-dire qu'on a sollicité mentalement un muscle et qu'on lui a dit : « Je te tends, détends-toi. »

On passe par le contraire pour obtenir ce qu'on désire.

Les arts martiaux sont du même ordre. Celui qui les pratique acquiert la connaissance de la violence, de la force pour apprendre à les dominer. Car les arts martiaux sont des arts de l'apaisement.

Je peux apaiser des maux physiques, bien sûr, des accidents sportifs, rhumatismes, arthrite, arthrose, sciatique, coxarthrose, migraine, rage de dent, les dépressions nerveuses, j'en passe et des meilleurs, les problèmes de générations entre parents et enfants, ceux du couple.

Pour faire disparaître une migraine, en dix secondes – je dis bien dix –, puisque je n'ai pas de diplôme de médecin et que je n'ai donc pas le droit d'utiliser des aiguilles, je me sers d'un cure-dent ou d'allumettes.

Je travaille aussi avec des sociétés comme... comment dire? conseiller. Aux États-Unis, ils ont des gourous ou des psychanalystes, des psychologues attachés aux entreprises. Moi, je conseille, sans plus.

Je suis en contact avec des philosophes d'entreprises, des médecins, des chirurgiens, en collaboration avec tous ceux qui veulent bien travailler avec moi. Mais je n'oublie pas l'essentiel, les cas individuels.

Un enfant est demeuré dans le coma trois semaines. Je l'ai guéri en quinze jours mais il a gardé quelques séquelles, le temps était limite. Néanmoins, il a pu retourner à l'école.

Quelqu'un tente de se suicider, le matin. Le soir, il dînait chez lui.

Un couple avait deux enfants qui, peu à peu, s'étaient éloignés d'eux. L'un de ces enfants (devenu un adulte) n'avait plus remis les pieds chez ses parents depuis de longues années. Il s'était marié, avait à son tour des enfants.

Le couple des parents vient me voir, désolés, ils auraient tant voulu voir leur fils et faire la connaissance de leurs petits-enfants. J'ai été bouleversé par leur peine. Je n'ai pas dit :

« Je vais faire revenir votre fils. »

Mais :

« Je vais vous faire un beau cadeau pour Noël. »

Et deux jours avant la Noël, la mère, le manteau sur le dos, ouvre la porte pour sortir faire des achats. Et devant la porte, il y avait là, attendant, son fils avec sa femme et leurs deux enfants.

Pour moi, qui que ce soit est une personne : je la reçois. Je reçois des politiciens, des personnalités du show-business, des vedettes, des écrivains, des gens de toutes les couches sociales.

Qu'importe qui ils sont puisqu'ils ont besoin de moi qui ne suis qu'un outil. Si je peux les aider à trouver un peu de bonheur...

Le bonheur, c'est ce qui n'est jamais et qui, pourtant, un jour n'est plus.

Table des matières

Composition réalisée par
la Société Nouvelle FIRMIN-DIDOT

Impression réalisée sur CAMERON par
BRODARD ET TAUPIN
La Flèche

pour le compte des Éditions Hachette-Carrère
en février 1992

Imprimé en France
Dépôt légal : 7462, mars 1992
N° d'édition : 92013/21084 - N° d'impression : 1649F-5
23-01-4820-01/9
ISBN : 2-01-019256-7